DROEMER

Helmut Kohl

Aus Sorge um Europa

Ein Appell

DROEMER

Besuchen Sie uns im Internet:
www.droemer.de

FSC
www.fsc.org
MIX
Papier aus verantwortungsvollen Quellen
FSC® C083411

Ein Unternehmen der Droemerschen Verlagsanstalt
Th. Knaur Nachf. GmbH & Co. KG, München

Umschlaggestaltung: Büro Jorge Schmidt, München
Umschlagabbildung: © privat
Satz: Adobe InDesign im Verlag
Druck und Bindung: CPI books GmbH, Leck
ISBN 978-3-426-27663-1

2 4 5 3 1

Für Frieden und Freiheit

Europa!

Es ist ein lauer, ruhiger Sommerabend im August 2014. Ich sitze auf meiner Terrasse und denke – das Stück der Berliner Mauer, das in meinem Garten steht, immer im Blick – darüber nach, wie es weitergeht in Deutschland und Europa, denke nach über die aktuelle Lage, über unser Verhältnis zu Amerika auf der einen Seite und zu Russland auf der anderen Seite, über die Art und Weise, wie wir, die Deutschen und Europäer, miteinander und mit unseren Verbündeten und Partnern und Nachbarn umgehen und umgekehrt, und wie wir Verantwortung übernehmen oder auch nicht – für uns selbst und in der Welt.

Ich blicke zurück in die Geschichte und vollziehe die Entwicklung der vergangenen Jahrzehnte und Jahre gedanklich noch einmal nach. Wo kommen wir her, was haben wir erreicht, seit 1945 und auch in meiner Amtszeit von 1982 bis 1998, was ist seit meinem Ausscheiden aus dem

Amt passiert, wo steht Europa heute, zu Beginn des 21. Jahrhunderts, wo steht Deutschland, wo stehen wir in der Welt, wo geht es hin, wo gehen wir hin, was ist zu tun?

Die gute Nachricht ist: Die Entwicklung seit 1945 bis heute ist, gemessen an Vergangenheit und Ausgangslage und dem Erreichten, trotz mancher Fehlentwicklungen, Versäumnisse und offener Fragen noch immer eine einzigartige Erfolgsgeschichte und muss Zuversicht geben für die Herausforderungen, die in Deutschland und Europa bestehen und die angepackt werden müssen.

Allerdings – das ist die weniger gute Nachricht – ist die Bilanz der letzten Jahre ausgesprochen ernüchternd. Sie lässt sich in wenigen Sätzen auf den Punkt bringen: Europa befindet sich seit dem Übergang vom 20. ins 21. Jahrhundert in keinem guten Zustand, um es sehr vorsichtig auszudrücken. Wir waren in Europa schon einmal sehr viel weiter. Wir waren Ende des 20. Jahrhunderts – bei allen Rückschlägen, die es auch gegeben hatte – weit vorangekommen und auf einem sehr guten Weg. Dagegen kann das Bild, das Europa oder besser gesagt die gesamte westliche Welt seit einigen Jahren in der multipolaren Welt bietet, nichts anderes als Sorge bereiten, und das tut es, auch mir.

Nationale Fragestellungen und europäische Fehlentwicklungen einschließlich einer mit voller Wucht auch Europa treffenden Finanz- und Wirtschaftskrise drohen zunehmend die eigentliche Idee Europas zu verdrängen. Das geschieht nicht selten zugunsten längst vergangen geglaubter nationalstaatlicher und regionalpolitischer Tendenzen und Egoismen und bisweilen auch zugunsten allzu durchsichtiger Einzelinteressen.

Zur Verdeutlichung muss man sich nur die Entwicklung der vergangenen Jahre und Wochen bis heute ansehen und die Berichte, Kommentare und Interviews Revue passieren lassen – zur allgemeinen Lage in Europa, zum Euro, zur Finanz- und Wirtschaftskrise, zu unserem Verhältnis zu unseren transatlantischen Bündnispartnern USA und Kanada, zum Konflikt um Russland und die Ukraine, zu Israel und der Region um Israel, zur Türkei, zur arabischen Welt, aber auch zu China und Asien insgesamt sowie zu Afrika.

Es ist erstaunlich und erschreckend, mit welchem Kleinmut und fehlender Weitsicht, mit welch andauernder Krisendiktion, vor allem auch mit welcher Geschichtsvergessenheit und historischen Ignoranz seit Beginn des neuen Jahrhunderts und Jahrtausends in West wie Ost, in Deutschland wie in anderen Ländern über das Projekt Europa, miteingeschlossen die transatlantischen Beziehungen und die Beziehungen zu Russland, diskutiert und mit ihm umgegangen wird. Es ist erstaunlich, wie wir im Klein-Klein verharren und mit welcher Leichtfertigkeit von allen Seiten mit diesem für uns alle und die ganze Welt existentiellen Projekt Europa umgegangen wird. Mit dem Projekt Europa, das vor dem Hintergrund einer unglaublichen, leidvollen Wegstrecke uns im 21. Jahrhundert eine einmalige Chance auf Frieden und Freiheit bietet – mit allem, was dazugehört: Demokratie, Menschenrechte, Rechtsstaat, soziale Stabilität und Wohlstand, und miteingeschlossen unsere Verantwortung über die Grenzen Europas hinaus für die Welt als Ganzes.

In der Finanz- und Wirtschaftskrise sind alle

Ressentiments in und gegen Europa wieder aufgebrochen. Die Medien, auch die Leitartikel, in Deutschland in den vergangenen Jahren sind voll mit Botschaften und Äußerungen bis hinein in die Politik wie: Der Euro habe »fatale Konstruktionsfehler«, EU-Europa und der Euro an sich seien bereits »Konstruktionsfehler« oder »sind viele der Widersprüche, Unterschiede und Interessengegensätze, die schon früher zu krisenhaften Zuspitzungen führten, nur an den Rand geschoben, übertüncht oder mit viel (deutschem) Geld zugeschüttet worden.« Oder auch: »Warnungen von Fachleuten wurden bestenfalls ignoriert, der Euro selbst zum Wunderheiler erklärt.« Und: »Es wird mittlerweile kaum noch ernsthaft bestritten, dass es ein Fehler war, eine Währungsunion zu gründen, ohne zuvor das Fundament einer gemeinsamen Haushalts-, Steuer- und Sozialpolitik gelegt zu haben.« Und schließlich: »Die EU ist eine Elitenveranstaltung.«

Dazu hat sich ein Ton eingeschlichen und hat sich die Diktion in eine Richtung entwickelt, die mich einmal mehr aufhorchen lässt: »Wir sind besser als die anderen«, lese und höre ich wieder.

Oder: Griechenland müsse nur raus aus dem Euro, oder überhaupt die Südländer müssten raus aus dem Euro oder gar, Deutschland müsse aus dem Euro aussteigen. Auch: »Der Frieden ist in diesem Teil der Erde wirklich selbstverständlich. Die Geißel des Krieges ist keine Drohung mehr.« Bis hin zu: »Das Friedensargument von Helmut Kohl taugt nicht mehr, um die Jugend für Europa zu begeistern.« Oder: Die Erzählung, auf der Ebene der hohen Politik sei Europa von Beginn an ein Friedensprojekt gewesen, sei eine Legende.

Diese Geschichtslosigkeit, diese Mutlosigkeit und dieser Kleinmut, diese Ängstlichkeit, auch Angst um lieb gewordene Besitzstände, diese Leichtfertigkeit, manche Übertreibung und Selbstgefälligkeit, diese Unkenntnis oder Verleugnung zum Teil der einfachsten Zusammenhänge, die aus solchen Äußerungen sprechen und die sich selbst in Leitartikeln seriöser Zeitungen und in Äußerungen der Politik niederschlagen und mit denen mal diese oder jene Forderung oder Option erwogen und durch den politischen Raum und Blätterwald gejagt wird, sind schlicht erschreckend.

Die ganze Debatte, die sich in den vergangenen Jahren bis an den aktuellen Rand in und um Europa offenbart, ist erschreckend – erschreckend mutlos, erschreckend rückwärtsgewandt, erschreckend unhistorisch. Sie läuft darauf hinaus, das Projekt Europa, das für uns alle so wichtig ist, kleinzureden und in seinen Grundfesten zu gefährden. Und das wäre nun wirklich existentiell.

Vor dem Hintergrund der letzten Jahre frage ich mich schon auch: Haben wir, die Deutschen und mit uns ganz Europa und auch unsere amerikanischen Freunde und Verbündeten, haben wir alle vergessen, dass wir es dem – mit amerikanischer Weitsicht und Hilfe – nach 1945 in der Stunde Null auf den Weg gebrachten europäischen Einigungsprozess zu verdanken haben, dass wir alle heute so dastehen, wie wir dastehen, und dass wir seit rund 70 Jahren im Westen Europas in Frieden und Freiheit mit Demokratie, Menschenrechten, Rechtsstaat und zum Teil erheblichem Wohlstand und sozialer Stabilität leben und seit rund 25 Jahren auch im Osten unseres Kontinents bereits vieles erreicht haben und auf gutem Wege sind? Haben wir vergessen, wo die Welt 1945 stand und wie viel Gutes und wie viel Glück wir in Deutschland und in Europa seitdem – natürlich auch, aber eben nicht nur durch eigene Anstrengung – erfahren haben?

Haben wir vergessen, dass der Friede und die Freiheit – das ist die entscheidende Lektion der Geschichte – keine Selbstverständlichkeit sind? Haben wir vergessen, dass wir für das Erreichte dankbar sein müssen und uns aber zugleich nicht zurücklehnen und auf dem Erreichten ausruhen dürfen, sondern dass sich aus all dem für uns eine Verantwortung und Verpflichtung ergibt, Frieden und Freiheit zu erhalten und also alles zu tun, um auf dem Weg zum geeinten Europa voranzukommen?

Kurz gefragt: Sind wir alle verrückt geworden, haben wir den Verstand verloren – und unsere Verantwortung gleich mit?

Ich muss unwillkürlich an einen Satz Konrad Adenauers denken. Unser erster deutscher Bundeskanzler nach dem Zweiten Weltkrieg sagte in den 1950er Jahren einmal im kleinen Kreis: »Wir, die Deutschen, waren 50 Jahre die Hochstapler in

Europa, jetzt müssen wir 50 Jahre die Tiefstapler sein.«

Diese 50 Jahre waren zu Beginn dieses 21. Jahrhunderts um, und ich frage mich immer mal wieder, ob Adenauers Worte nicht nur Mahnendes für jene 50 Jahre der zweiten Hälfte des vergangenen 20. Jahrhunderts in sich trugen, sondern auch Prophetisches für die Jahre danach.

Es ist nicht zu übersehen: Je weiter der Zweite Weltkrieg und sein Ende mit der Stunde Null zurückliegen, je weniger Zeitzeugen dieser schrecklichen Jahre es noch gibt und je wohlhabender und bequemer wir werden, desto leichter scheint manchem das Bewusstsein abhandenzukommen, wie wichtig das geeinte Europa, eingebettet in die transatlantische Partnerschaft mit den USA und Kanada, für uns alle und die Welt als Ganzes ist, was Europa bedeutet und wie es funktioniert.

Warum brauchen wir Europa? Die Frage ist legitim, und sie ist leicht zu beantworten: Wir brauchen Europa, weil Europa eine Frage von Krieg und Frieden ist. Der Friedensgedanke bleibt das Bewegungsgesetz der europäischen Integration. Der Frieden, und zwar der Frieden in

Freiheit, ist auch in Europa keineswegs und nie eine Selbstverständlichkeit – der aktuelle Blick in die Ukraine macht dies einmal mehr deutlich.

Und auch das kann man nicht oft genug betonen: Frieden ohne Freiheit ist kein echter Frieden, echter Frieden ist nur in Freiheit möglich. Frieden und Freiheit wiederum sind die Voraussetzung für alles andere: Demokratie, Menschenrechte, Rechtsstaat, soziale Stabilität und Wohlstand.

Europa ist mehr als ein Kontinent. Es ist unsere Zukunft, es ist unser Schicksal. Das Europa, das wir bauen und vollenden wollen, ist eine Idee und ein politisches Gebilde. Europa – das wird von Kritikern gerne übersehen – ist nicht eine um jeden Preis umzusetzende, verrückte Idee einiger Europa- oder Euro-Fanatiker oder naiver Träumer, es ist nicht Poesie und nicht Folklore, es ist kein Ereignis oder – wie man heute sagt – kein Event.

Im Gegenteil, Europa ist zuerst und vor allem anderen eine Existenzfrage und eine sehr ernste Sache des Verstandes, gespeist aus der bitteren Erfahrung der Geschichte unseres ruhelosen

Kontinents und dem daraus gewonnenen Weitblick vieler mutiger Männer und Frauen nach 1945, dass es für eine dauerhaft stabile europäische Friedensordnung das politisch geeinte Europa braucht.

Dass die Generation Konrad Adenauers und auch meine Generation, die den Krieg noch mit Bewusstsein erlebt hat, Europa immer auch als Herzensangelegenheit verstanden haben, ist kein Widerspruch dazu, dass Europa zuerst und vor allem eine Sache des Verstandes ist. Im Gegenteil, Europa braucht auch die Leidenschaft.

Europa braucht beides, den Verstand und die Leidenschaft, damit die Richtung nicht verlorengeht und damit zugleich der Wille und die Kraft erhalten bleiben, auf dem lohnenden Weg nach Europa weiter voranzugehen, auch wenn der Weg langwierig, mühsam und steinig ist. Das war übrigens nie anders, das kann zumal mit vielen Staaten mit unterschiedlichen Interessenlagen auch gar nicht anders sein, und das kann umso weniger in einer komplexen Welt überraschen. Das mag nicht jedem gefallen, das mag sich manch einer einfacher vorstellen oder wünschen, aber es ist nun einmal die Wirklichkeit, und es ist vor allem die Wirklichkeit Europas.

Mit einem Satz: Das Europa der Gründerväter ist ohne Alternative. Wir alle, nicht nur in Europa, brauchen Europa. Und wir, die Deutschen, brauchen Europa noch mehr als alle anderen. Deutschland ist das Land mit den längsten Grenzen und den meisten Nachbarn und nach Einwohnerzahl und Wirtschaftsstärke die Numero 1 in Europa. Was wir tun – auch das, was wir nicht tun –, berührt seit Jahrhunderten bis heute unsere Nachbarn in Europa und viele andere Länder darüber hinaus ganz unmittelbar. Europa ist für uns alle Verpflichtung und Verantwortung, und das ist es noch einmal in besonderer Weise für uns Deutsche – vor dem Hintergrund unserer Geschichte, unserer geographischen Mittellage, unserer Größe und Kraft.

Die heute mittlere Generation, die den Krieg nicht mehr erleben musste und an verantwortlichen Stellen in Politik, Wirtschaft und auch den Redaktionsstuben sitzt, nicht selten fest und satt im Sattel und manches Mal mit Übermut und Selbstgefälligkeit, mag darüber lächeln, aber, ja, für mich, Jahrgang 1930, ist der letzte große Krieg, der Zweite Weltkrieg, mit all seinem Leid und seinen Schrecken und auch seiner Mahnung für unsere Zukunft gerade erst vorbei und bis heute gegenwärtig. Für mich haben wir Deutschen gerade erst zwei Kriege verloren, und zwar total. Für mich ist Europa aus eigenem Erleben eine Schicksalsfrage.

Wenn ich auf mein Leben zurückblicke und die Summe meiner Lebenserfahrung ziehe, kann ich sagen: Viele Leitlinien meines Denkens und Handelns sind während der Kriegszeit entstanden. Der Satz »Nie wieder Krieg« war immer Teil meines Lebens, meines Wesens und auch Motor meines Handelns. Die Sehnsucht nach Frieden und Freiheit hat mein Denken und Handeln und damit auch meinen unbedingten Einsatz für Europa als Friedensprojekt zeit meines Lebens ganz wesentlich bestimmt.

Wer den Krieg nicht selbst erlebt hat, wer in Europa nur den Frieden kennt, wer nicht aus eigener leidvoller Erfahrung ermessen kann, welchen Wert das geeinte Europa für Frieden und Freiheit hat, und wer aufgrund noch mancher offenen Frage und ungelöster Probleme skeptisch und verunsichert fragt, was die Einigung Europas bringen soll, dem ist auch heute und für die Zukunft vor allem und immer mit auf den Weg zu geben: Frieden, und zwar Frieden und Freiheit als Voraussetzung für alles andere.

An dieser Stelle füge ich gerne ein: Natürlich hat jede Generation ihre Herausforderungen, ihre Prioritäten und Themen. Und natürlich ist das Bewusstsein für Geschichte und historische Notwendigkeiten umso stärker, wenn man Geschichte selbst und vor allem leidvoll erfahren hat. Bezogen auf den Krieg haben die jungen Menschen bei uns heute – ausgenommen unsere Soldaten im Rahmen von Auslandseinsätzen – keine eigenen Erfahrungen mehr. Das ist Gott sei Dank so. Umso wichtiger aber ist es, dass wir den jungen Menschen und nachfolgenden Generationen erzählen und weitergeben, wo wir herkommen, was unsere Geschichte ist, was Krieg oder Frieden bedeutet und was ihre Chancen und Perspektiven für die Zukunft sind.

Und genau das müssen wir – und vielleicht noch viel stärker als bisher – tun. Wir müssen aus der Geschichte heraus das Bewusstsein für die Notwendigkeit Europas gerade auch bei den jungen und nachfolgenden Generationen wachhalten. Denn eines darf nicht geschehen: dass wir die Begründung für Europa dem Zeitgeist anheimstellen, um Europa den Jungen vermeintlich leichter verständlich zu machen. Natürlich müssen wir die jungen Menschen auch damit für Europa begeistern, dass wir ihnen darlegen – wenn das überhaupt noch notwendig und nicht bereits Alltag ist –, welche großartigen Chancen und Möglichkeiten das geeinte Europa insgesamt für sie bietet. Aber die erste Begründung für Europa muss nichtsdestotrotz der Frieden bleiben, und zwar in dem unauflösbaren Zusammenhang Frieden in Freiheit.

Frieden und Freiheit in einem politisch geeinten Europa bleiben zeitlos gültig die Voraussetzung dafür, dass wir und die nachfolgenden Generationen alle Chancen haben auf ein glückliches und selbstbestimmtes Leben mit allem, was neben Frieden und Freiheit dazugehört: Demokratie, Menschenrechte, Rechtsstaat, soziale Stabilität und Wohlstand.

Meine Erfahrung aus vielen Gesprächen mit jungen Menschen ist, dass sie sehr wohl ein Bewusstsein für die eigene Geschichte haben und dass sie realisieren können, was es bedeutet, wenn sie nach menschlichem Ermessen nicht mehr in einen Krieg ziehen und zugleich ihre Mütter und Familien im heimatlichen Kriegsgebiet zurücklassen müssen, während sie und ihre Väter und Brüder oder heute auch Schwestern anderswo an die Front in den Einsatz gehen.

Mit einem Wort: Europa bleibt ein Friedensprojekt, für das wir täglich arbeiten und bei dem wir weiter vorankommen müssen. Wer den Menschen das Gegenteil vormacht, spielt mit unserer Zukunft und gefährdet Frieden und Freiheit. Und wenn wir jungen Menschen das Friedensprojekt Europa vor dem Hintergrund der ganzen leidvollen Geschichte unseres Kontinents einerseits und der großartigen Erfolgsgeschichte Europas seit 1945 bis heute andererseits nicht mehr vermitteln können, wenn wir die materiellen Herausforderungen nicht glaubwürdig in den Griff bekommen und wenn wir Europa nicht endlich wieder mit einer Politik mit klarem Standpunkt und klarem Kompass Richtung Zukunft untermauern, dann hätten wir vor der Geschichte wirklich versagt. Und dann dürfen wir uns aber nicht wundern, wenn die Menschen sich von Europa abwenden.

Es ist schon auch erschreckend, dass es erst der kritischen Situation um die Ukraine und Russland in den ersten Wochen und Monaten dieses Jahres bedurfte, um insgesamt wieder stärker ins Bewusstsein zu rufen, was ein stabiles Europa bedeutet, dass Frieden und Freiheit auch in Europa mit rund 70 Jahren Frieden und rund 25 Jahre nach Ende des Kalten Krieges keineswegs eine Selbstverständlichkeit sind und dass also das erste Argument für Europa – ich wiederhole mich, weil es so wichtig ist – zeitlos gültig die Sicherung dauerhaften Friedens in Freiheit auf unserem Kontinent ist.

Machen wir uns einmal mehr klar, welchen großartigen Weg wir seit 1945 zurückgelegt haben: In diesem Jahr 2014 gedenken wir des 100. Jahrestages des Beginns des Ersten Weltkriegs – des Ersten, nicht des darauf noch folgenden Zweiten. Was sind 100 Jahre? Wenig mehr nach heutiger Rechnung als der Zeithorizont eines Menschenlebens. Es ist außerdem erst 75 Jahre her, dass der Zweite Weltkrieg mit dem Überfall Hitlers auf Polen begann, und noch nicht einmal 70 Jahre, dass Deutschland und Europa nach Ende des Zweiten Weltkriegs die Stunde Null erlebten. Es sind erst 25 Jahre, dass in Berlin die Mauer fiel und wir in nicht einmal einem Jahr ab Mauerfall die Wiedervereinigung Deutschlands in Frieden und Freiheit mit Zustimmung aller Nachbarn, Freunde und Partner in der Welt erreichen konnten und der Kalte Krieg, der die Welt in zwei Teile gespalten hatte, ohne jedes Blutvergießen, ohne einen Schuss beendet werden konnte.

Mit dem Ende des Zweiten Weltkriegs, 1945, war der Krieg, den Deutschland begonnen hatte, für uns verloren, lagen unser Land und unser Kontinent in Trümmern, nicht nur physisch, auch moralisch. So viel Unheil war in deutschem Namen und in der ganzen Welt angerichtet worden, so viele Opfer hatte es gegeben, so viel Leid, dass viele – nicht nur in Deutschland – sich sehr bange fragten, wie es überhaupt weitergehen könnte und sollte. Alle Fragen der Neuorientierung und Neuordnung Deutschlands, Europas und der Welt lagen offen auf dem Tisch.

Und statt dass Deutschland komplett zerschlagen und industriell entwaffnet wurde – ich erinnere nur an den Morgenthau-Plan oder die ersten Vorstellungen Charles de Gaulles von einer großen Industriemacht Frankreich –, reichten uns, dem Besiegten, in dessen Namen so viel Unheil über die Welt gekommen war, die Sieger des Zweiten Weltkriegs, damals als Besatzungsmächte unseres Landes, weitblickend die Hand zur Versöhnung und zeigten uns den Weg zurück in die Gemeinschaft der freien Völker.

Es waren an erster Stelle die Amerikaner unter Präsident Truman, die mit dem nach ihrem damaligen Außenminister benannten Marshall-Plan von 1947 ein umfassendes, zukunftsweisendes Wiederaufbauprogramm für das vom Krieg zerstörte Europa auf den Weg brachten. Es waren auch die Amerikaner, die Europa und gerade uns Deutschen auf vielfache Weise auch in den Folgejahren des Wiederaufbaus und Kalten Krieges treu und fest zur Seite standen.

Was der Marshall-Plan für uns Deutsche in dieser Situation der materiellen Not und moralischen Niederlage bedeutete, mag nur eine Aussage verdeutlichen: Weihnachten 1947 gab es in Deutschland die meisten Selbstmorde in der jüngeren deutschen Geschichte. So groß war das Gefühl der Aussichtslosigkeit, des Verlustes von Orientierung und einer Zukunftsperspektive. Und es war einfach auch der Hunger.

Die Bedeutung des Marshall-Plans geht weit über seine unmittelbare wirtschaftliche Wirkung hinaus. Er hatte zugleich große psychologische Wirkung und gab durch seine kluge Konzeption einen entscheidenden Anstoß für den Weg der europäischen Integration. Es war ein Glücksfall, dass George Marshall in Europa Partner im Geiste hatte, die im gleichen Sinne wirkten. Stellvertretend für viele seien unter den Gründervätern unseres Europas hier nur Alcide De Gasperi, Jean Monnet, Robert Schuman und natürlich Konrad Adenauer genannt sowie Winston Churchill, der in seiner berühmten, klugen Rede in Zürich vor Studenten bereits im September 1946, nur anderthalb Jahre nach Ende des Zweiten Weltkriegs, dazu aufrief, eine Art »Vereinigte Staaten von Europa« zu schaffen.

Weil Winston Churchills wegweisende Rede heute noch lesenswert ist, will ich hier einfach einmal einen Auszug aus seiner Begründung für Europa zitieren: »Dieser edle Kontinent, der alles in allem die schönsten und kultiviertesten Gegenden der Erde umfasst und ein gemäßigtes, ausgeglichenes Klima genießt, ist die Heimat aller großen Muttervölker der westlichen Welt. Hier sind die Quellen des christlichen Glaubens und der christlichen Ethik. Er ist der Ursprung der meisten Kulturen, Künste, philosophischen Lehren und Wissenschaften des Altertums und der Neuzeit. Wäre jemals ein vereintes Europa imstande, sich in das gemeinsame Erbe zu teilen, dann genössen seine drei- oder vierhundert Millionen Einwohner Glück, Wohlstand und Ehre in unbegrenztem Ausmaße.« Und als das »wirksame Heilmittel« empfahl er »die Neuschöpfung der europäischen Völkerfamilie, oder doch so viel davon, wie möglich ist, indem wir ihr eine Struktur geben, in welcher sie in Frieden, in Sicherheit und in Freiheit bestehen kann. Wir müssen eine Art Vereinigte Staaten von Europa errichten.«

Die Gründerväter Europas einschließlich unserer amerikanischen Freunde teilten – nach verschiedenen Bestrebungen, die es in den Jahrzehnten zuvor durchaus schon gegeben hatte – eine gemeinsame Vision: die Vision von einem geeinten Europa, also eines immer engeren Miteinanders auf unserem Kontinent, verbunden mit nationalem Souveränitätsverzicht zugunsten Europas und gleichzeitig unter Erhalt der Vielfalt der europäischen Völker.

Die Vision der Gründerväter Europas beruhte auf der Erkenntnis und dem Wunsch: Nie wieder Krieg. Sie waren sich einig, dass Europa nach zwei schrecklichen Kriegen, die entsetzliches Leid und Elend gebracht hatten, im 20. Jahrhundert endlich aus seiner Geschichte lernen und klüger werden müsste. Und sie waren sich auch einig: Nur das geeinte Europa würde uns die Chance auf dauerhaften Frieden und Freiheit geben können.

Dass Deutschland nach Ende des Zweiten Weltkriegs in relativ kurzer Zeit Vertrauen in der westlichen Welt aufbauen konnte, verdanken wir ganz wesentlich Konrad Adenauer. Der erste Bundeskanzler der Bundesrepublik Deutschland, der unser Land seit seiner Gründung 1949 bis 1963 regierte, setzte für die Bundesrepublik Deutschland – damals wegen der bis zur Wiedervereinigung andauernden Teilung unseres Landes begrenzt auf den westlichen Teil – die Westbindung durch und verband diese gleichzeitig mit dem klaren Vorbehalt der Wiedervereinigung.

Mit seiner unverrückbaren Entscheidung für die Westbindung mit Wiedervereinigungsvorbehalt führte Konrad Adenauer Deutschland auf einen neuen Kurs: Richtung Westen. Er brach damit gegen vielfache Widerstände mutig und weitblickend, radikal und revolutionär mit alten Traditionen der deutschen Außenpolitik. Er beendete damit die unglückselige Tradition einer deutschen Schaukelpolitik zwischen Ost und West und ein zentrales Problem der deutschen Außenpolitik seit der Reichsgründung Bismarcks von 1871, nämlich die Existenz Deutschlands in ungesicherter Mittellage in Europa.

Bismarcks historisches Verdienst war es 1871 gewesen, das neugegründete Deutsche Reich bruchlos in das europäische Mächtekonzert einzufügen. Mit Bismarck besaß das Deutsche Reich eine europäische Ausgleichs- und Brückenfunktion. Doch sein Reich hatte keinen Bestand. Seine Nachfolger betrieben stattdessen eine deutsche Weltmachtpolitik mit Hegemonialstreben. Es folgten der Erste und schließlich der Zweite Weltkrieg mit Hitler und dem Dritten Reich mit dessen völkischem Imperialismus nach außen und faschistischem Terror nach innen.

Konrad Adenauers Verdienst bleibt, dass er die richtigen Lehren aus der Geschichte zog und Deutschland klar und fest an der Seite der freiheitlichen Demokratien im Westen verankerte. Diese Entscheidung der Neuorientierung der deutschen Außenpolitik sollte das Gesicht Europas nach 1945 am nachhaltigsten verändern. Mit der Westbindung schuf Adenauer die Voraussetzung, dass Deutschland als gleichberechtigtes Mitglied in den Kreis der westlichen Staatengemeinschaft zurückkehren konnte. Er schuf damit zugleich den Rahmen für die Sicherung von Frieden und Freiheit, für die Politik der europäischen Einigung und für die Verständigung und Aussöhnung mit Frankreich, dem früheren »Erbfeind«.

Die Adenauersche Westbindung ist bis heute die Grundlage dafür, dass wir Deutschen und Europäer im Westen seit 1945/49 und in West wie Ost seit 1990 in Frieden und Freiheit leben können. Der Begriff Westbindung steht dabei für eine geistige und ethische Standortbestimmung und nur zufällig für eine geographische Ausrichtung. Es ist unsere Absage an Krieg und Gewalt als Mittel der Politik, und es ist unsere irreversible Entscheidung, Mitglied der westlichen Werte- und Kulturgemeinschaft der freiheitlichen Demokratien zu sein, geprägt von den christlich-abendländischen Traditionen Europas, angeführt von den Vereinigten Staaten von Amerika, mit dem gemeinsamen politischen Ziel, Frieden und Freiheit zu sichern.

Zu Recht und notwendigerweise verstehen sich auch viele der ehemals kommunistisch regierten Völker in Mittel-, Ost- und Südosteuropa, von denen die meisten heute der EU angehören, als Teil der westlichen Werte- und Kulturgemeinschaft.

Weil es gerne vergessen wird, aber wichtig für das Gesamtverständnis ist, weil es Teil unserer freiheitlichen Grundorientierung und Werteentscheidung nach 1945 ist, sei hier ergänzt: Es war auch Konrad Adenauer, der gemeinsam mit seinem Wirtschaftsminister Ludwig Erhard die damals revolutionäre und heftig umstrittene Idee der Sozialen Marktwirtschaft für die Bundesrepublik durchsetzte. Ohne Adenauer hätte es den Wirtschaftsminister Erhard nicht gegeben, ohne Ludwig Erhard nicht die Soziale Marktwirtschaft in Deutschland und ohne die Soziale Marktwirtschaft kein »deutsches Wirtschaftswunder«, das in Wahrheit kein Wunder war, sondern das Ergebnis der Kraftanstrengung vieler fleißiger Männer und Frauen auf der Grundlage einer freiheitlichen und die Leistung belohnenden Wirtschaftsordnung.

Während die westlichen Verbündeten uns die Hand reichten, war zugleich eine der schlimmsten Konsequenzen nach 1945 die Teilung des von den vier Siegermächten Amerika, England,

Frankreich und der Sowjetunion besetzten Deutschland in einen westlichen, freien Teil und einen östlichen, unfreien Teil. Mit der Teilung Deutschlands, die mitten durch Berlin ging, die Familien, Freunde und Nachbarn auseinanderriss, wurde zugleich Europa zweigeteilt und war die Welt in zwei Blöcke gespalten.

Mit der Teilung Deutschlands, Europas und der Welt in West und Ost ging der Kalte Krieg einher mit all seinen Irrungen und Wirrungen. Jahrzehntelang – bis 1990 – schwebte das Damoklesschwert des Dritten Weltkriegs stets über uns.

Ich erinnere neben Adenauers gegen Widerstände durchgesetzter Westbindung mit Wiedervereinigungsvorbehalt an die hitzige Debatte um die Ostverträge mit dem ergänzenden, wichtigen Urteil des Bundesverfassungsgerichts zur deutschen Frage, an die aufgeheizte Nachrüstungsdebatte und ebensolche Diskussion über den Nato-Doppelbeschluss und seine Umsetzung, an die aus Moskau und Ost-Berlin zur Unterwanderung des Nato-Doppelbeschlusses mitfinanzierte sogenannte Friedensbewegung, die in der Partei der Grünen aufging, an die Geraer Forderungen

Erich Honeckers vom 13. Oktober 1980 unter anderem nach Anerkennung der DDR-Staatsbürgerschaft, an den Annäherungskurs der SPD an die SED mit dem legendären Zugeständnis im SPD-SED-Papier von 1987, nur zwei Jahre vor dem Mauerfall – Zitat: »Keine Seite darf der anderen die Existenzberechtigung absprechen. Unsere Hoffnung kann sich nicht darauf richten, dass ein System das andere abschafft.«

Ich erinnere an die fortlaufende Diskussion jener Jahre des Kalten Krieges um die deutsche Frage als offene Frage, an die Verhetzung und Verhöhnung als Kriegstreiber und Ewiggestriger derjenigen, die – wie ich – in den 1970er und 1980er Jahren an der Einheit der Nation noch festhielten, die die Hoffnung auf die deutsche Einheit noch nicht aufgegeben und die ihre Politik auch ganz konkret danach ausgerichtet hatten, während sich in Wahrheit viele in der Bundesrepublik – vor allem im linken Spektrum, aber auch in unseren eigenen Reihen bis hin zum Koalitionspartner – mit der Teilung längst abgefunden hatten.

Ich erinnere an das dauerhaft als Drohkulisse

über uns schwebende Szenario eines »Mitteleuropas« mit einem zwar vereinten, aber neutralen und damit nicht mehr freien Deutschland im Einzugsbereich der kommunistischen Sowjetunion unter Aufgabe unserer festen Einbindung in die freie, westliche Werte- und Kulturgemeinschaft mit unseren westeuropäischen Partnern einerseits und der engen transatlantischen Partnerschaft mit den USA und Kanada andererseits.

Nach dem Mauerfall 1989 konnten wir, die Deutschen, 1990 mit der Zustimmung unserer Verbündeten, Nachbarn und Partner die Wiedervereinigung unseres Landes mit voller Souveränität und als Mitglied der Nato in Frieden und Freiheit erreichen. Der Kalte Krieg und die Zweiteilung der Welt wurden beendet, und es wurden von uns – immer mit dem Ziel einer stabilen europäischen Sicherheitsordnung und eines geeinten Europas vor Augen – die Osterweiterung der Nato und der Europäischen Union auf den Weg gebracht.

Man kann es nicht oft genug betonen und muss es gerade den jüngeren Menschen immer wieder erzählen, die es nicht selbst erlebt haben:

Die Wiedervereinigung unseres Landes 1990 in Frieden und Freiheit, mit voller Souveränität und als Mitglied der Nato war nie und zu keinem Zeitpunkt selbstverständlich. Sie war letztlich nur möglich, weil wir, die Deutschen, seit Konrad Adenauer und gerade auch 1989/90 fest an der Seite der westlichen Verbündeten standen, weil der Freiheitswille der Menschen sich schließlich durchsetzte und die Menschen in weiten Teilen des kommunistischen Ostblocks einschließlich der DDR gegen die Diktatur mutig aufbegehrten, weil wir nach dem Fall der Mauer an der Mitgliedschaft auch Gesamtdeutschlands in der Nato festhielten, weil wir die deutsche Einheit in den europäischen Einigungsprozess einbetteten und weil unsere Partner in der Welt uns, den Deutschen, für die Zukunft vertrauten.

Wahr ist auch: Vertrauen ist ein ebenso hohes wie zerbrechliches Gut. Man kann es nicht kaufen und nicht erzwingen, man muss es sich erwerben, und zwar immer wieder neu.

Ich bleibe beispielhaft in der Situation der Umbruchjahre 1989/90. Damals geriet das Vertrauen unserer Nachbarn und Partner in der Welt in uns

Deutsche kurzzeitig und heftig ins Wanken. Zwar hatten wir Deutschen – gegen zum Teil massive innenpolitische Widerstände, das gehört auch zur Wahrheit – vor allem mit Adenauers Westbindung nach 1945 und meinem Festhalten am Nato-Doppelbeschluss 1982/83 wie ebenso am europäischen Integrationsprozess ein festes Fundament der Berechenbarkeit und der Verlässlichkeit im Kreise unserer westlichen Bündnispartner geschaffen. Dennoch brach nach dem Mauerfall zunächst das alte und vor dem Hintergrund unserer Geschichte aber durchaus verständliche Misstrauen plötzlich und mit voller Wucht wieder auf. Alle alten Ängste vor einem übermächtigen, großen und möglicherweise gar wieder imperialistisch agierenden Deutschland in der Mitte Europas wurden schlagartig wieder wach.

Auch mein klarer, zügiger Einheitskurs unter anderem mit dem richtungsweisenden und entgegen allen Gepflogenheiten nicht abgestimmten Zehn-Punkte-Plan vom 28. November 1989, nur drei Wochen nach dem Mauerfall, stieß – entgegen allen vorherigen Bekenntnissen in allen westlichen Verträgen zur deutschen Einheit und allen Bekundungen für Frieden und Freiheit und Menschenrechte – bei unseren Verbündeten keineswegs überall auf Wohlwollen. Im Gegenteil, mein klarer Kurs Richtung Wiedervereinigung sorgte erst einmal für erhebliche Widerstände und Abwehrreaktionen bei unseren westeuropäischen Bündnispartnern, die in Wahrheit – aufgrund aller möglichen Unsicherheiten mit einem neuen großen Deutschland – die Frage der deutschen Einheit lieber in die ferne Zukunft verschoben hätten.

Dass sich unsere Partner und Nachbarn in dieser schwierigen, von Unsicherheiten geprägten Zeit 1990 am Ende an unsere Seite stellten, war keineswegs selbstverständlich. Sie taten es aus Einsicht in die Notwendigkeit, sie anerkannten das historische Zeitfenster, sie gaben der Einheit der Deutschen und der Freiheit der anderen den Vorzug vor dem eigenen Sicherheitsempfinden, und sie taten dies letztlich vor allem in dem Vertrauen darauf, dass Deutschland auch als wieder großes, vereintes Land dem Westen ein berechenbarer, verlässlicher Bündnispartner bleiben würde. Sie vertrauten darauf, dass es mit dem neuen großen Deutschland kein Zurück in die nationale Machtpolitik mit Hegemonialansprüchen des 19. und der ersten Hälfte des 20. Jahrhunderts geben würde und dass wir mit unseren Freunden und Partnern, eingebettet in die westlichen Bündnisse, gemeinsam den Weg von Frieden und Freiheit fortsetzen würden.

Um das Vertrauen zu festigen und die Zustimmung zur deutschen Einheit seitens unserer westlichen Bündnispartner zu erhalten, waren 1989/90 zusätzlich zu allem zwei ganz konkrete Schritte von mir sicher elementar, die ich aus tiefer Überzeugung in der Sache vertreten habe. Zum einen hielt ich gegenüber der Sowjetunion und Michail Gorbatschow eisern an der Mitgliedschaft auch des vereinten Deutschland in der Nato fest. Ähnlich wie 1982/83 verband ich 1989/90 erneut meine politische Existenz mit dieser für alle Beteiligten – bei natürlich ganz unterschiedlicher Interessenlage zwischen Ost und West – sehr kritischen Frage. Die sowjetische Seite versuchte bis zur Entscheidung zwischen Gorbatschow und mir im Sommer 1990 im Kaukasus noch alles, um die Zugehörigkeit des vereinten

Deutschland in der Nato zu verhindern. Schlussendlich stimmte Gorbatschow ihr dennoch zu.

Im Nachgang wird gerne übersehen, dass auch diese Entwicklung keineswegs vorherbestimmt oder sicher vorauszusehen war. Im Gegenteil, bis zuletzt war die Gemengelage ausgesprochen kritisch, widersprüchlich und unsicher. Dazu gehört nicht zuletzt, dass auch in Deutschland mein unverrückbares Festhalten an der Mitgliedschaft Gesamtdeutschlands in der Nato – ohne die ich jedenfalls, der die Einheit mehr als viele andere wirklich wollte, einer Wiedervereinigung unseres Landes niemals zugestimmt hätte – keineswegs überall auf Zustimmung stieß. Das galt mit Blick in die eigenen Reihen bis hin zum Koalitionspartner und erst recht für Teile der Opposition aus SPD und Grünen, wobei Letztere den Ausstieg ganz Deutschlands aus der Nato forderten, und dies selbst noch in diesem für unsere Zukunft schicksalhaften Moment.

Zum Zweiten habe ich in dieser entscheidenden Phase des deutschen Einigungsprozesses im Kreise der EU-Mitgliedstaaten gemeinsam mit François Mitterrand die Vertiefung der europäischen Integration mit ganz konkreten Initiativen weiter vorangetrieben. Ich nenne nur den Euro und die Politische Union. Auch diese Initiativen waren 1989/90 in Deutschland keineswegs Konsens und haben später zu vielfacher, zum Teil ganz absurder Legendenbildung geführt. Ich komme darauf noch zurück. Mit den konkreten Initiativen jedenfalls auf europäischer Ebene habe ich damals als deutscher Bundeskanzler einmal mehr deutlich gemacht, dass Deutschland an seinem europapolitischen Kurs seit Konrad Adenauer weiter festhalten würde.

Und so bleibt die deutsche Wiedervereinigung 1990 mit dem Ende des Kalten Krieges und eingebettet sowohl in die transatlantische Allianz als auch in die europäische Integration ein Triumph der Freiheit und die späte eindrucksvolle Bestätigung von Konrad Adenauers Politik der Westbindung mit Wiedervereinigungsvorbehalt und seinem Credo, das ich mir selbst aus eigener Überzeugung früh zu eigen gemacht habe: »Deutsche Einheit und europäische Einigung sind zwei Seiten derselben Medaille.«

Zugleich bleibt die Wiedervereinigung unseres

Landes 1990 in nicht einmal einem Jahr ab Mauerfall bis zur Unterschrift aller Verträge und dem Tag der deutschen Einheit bis heute ein eindrucksvoller Beleg für das Vertrauenskapital, das wir Deutschen seit 1945 über Jahre auf- und ausgebaut und immer wieder erneuert hatten.

Nur dieser Blick zurück in die jüngere Geschichte anhand der vielen Gedenkmomente dieses Jahres 2014 belegt eindrucksvoll: Das alles sind keine längst vergangenen Diskussionen. Nein, das alles sind Schlachten, die gestern erst geschlagen und entschieden wurden – und zwar allesamt zum Guten auch für Deutschland.

Der Blick zurück steht auch dafür: Die rund 70-jährige Friedensperiode und großartige Entwicklung Deutschlands und Europas seit 1945 bis heute ist alles andere als ein vorgegebener Lauf der Geschichte oder gar ein Selbstläufer gewesen.

Im Gegenteil, unsere Entwicklung seit 1945 war möglich, weil mutige und standfeste Männer und Frauen in gemeinsamer Verantwortung für das geeinte Europa und, darin eingebettet, das wiedervereinte Deutschland viele kluge und nicht selten einsame und im eigenen Land umstrittene Entscheidungen getroffen haben.

Das alles war nicht selbstverständlich, es ist für uns alle einmal mehr Verpflichtung für die Zukunft, das kann man gar nicht oft genug betonen. Das alles wollen wir nie vergessen, und daran wollen wir aktuelle Probleme und Fragestellungen immer bemessen. Die Fragen müssen lauten: Wo kommen wir her, was haben wir erreicht, was wäre die Alternative, was ist zu tun?

Vor dem Hintergrund unserer Verantwortung, des Erreichten und der Chancen, die sich bieten, gibt es gar keinen Grund für den Defätismus dieser Tage und die vielfach mutlose und, ja, vor allem unhistorische Debatte in und über das Projekt Europa. Ich kann nicht erkennen, wo und dass es heute unüberwindbare Hindernisse geben sollte, Europa nicht wieder auf einen guten Weg zu bringen und weiter voranzukommen – wenn wir es denn wollen. Und genau darauf wird es ankommen.

Ich bin fest davon überzeugt, dass sich – wie in unserer jüngeren Vergangenheit seit 1945 und mit allen Höhen und Tiefen, die es auch gegeben hat – alle materiellen Probleme und Fragen auf dem Weg zum geeinten Europa für alle Beteiligten zum Guten lösen lassen, wenn in Europa und bei unseren Partnern nur der gemeinsame Wille vorhanden ist, in diesem Geist gemeinsam in die Zukunft zu gehen, wenn darauf aufbauend entsprechend klare politische Standpunkte bezogen und Entscheidungen getroffen werden und wenn – das gehört zwingend dazu – jeder Mitgliedstaat seine Hausaufgaben macht.

Erinnern wir uns einmal mehr: Schon einmal, Anfang der 1980er Jahre, befand Europa sich nach den vielversprechenden, aber natürlich auch von Schwierigkeiten und Rückschlägen gezeichneten Anfängen nach 1945 in einer fundamentalen Krise, die neben anderem auch Anzeichen für einen Rückfall in nationale Egoismen aufwies. Das Wort »Eurosklerose« in Anlehnung an eine schlimme Krankheit prägte damals die Stimmungslage und die Diskussion. Niemand glaubte mehr an ein vereintes Europa.

Ich habe an diesen wahrhaft defätistischen Pessimismus bis heute eine sehr gute und persönliche Erinnerung, denn es war die Zeit, als ich

Bundeskanzler der Bundesrepublik Deutschland wurde, am ersten europäischen Gipfeltreffen in Kopenhagen als Regierungschef teilnahm und bald darauf, zum 1. Januar 1983, selbst den Vorsitz im Europäischen Rat der Staats- und Regierungschefs übernahm.

Beginnend unter der deutschen Ratspräsidentschaft im ersten Halbjahr 1983 ist es uns damals mit großer Kraftanstrengung gelungen, Europa wieder auf den Kurs unserer Gründerväter zu bringen. Fest eingebettet in die transatlantische Partnerschaft mit den USA und Kanada, haben wir gemeinsam mit unseren Partnern in Europa, damals noch Westeuropa und Europäische Gemeinschaften, heute Europäische Union, und auf der Basis eines neuen Vertrauens in der deutsch-französischen Freundschaft zwischen dem Sozialisten François Mitterrand und mir, dem altersmäßig viel jüngeren Christdemokraten Helmut Kohl, eine neue Dynamik und Leidenschaft in und für Europa entfacht.

Wir – vor allem François Mitterrand und ich – teilten trotz mancher Unterschiede in Einzelfragen die Grundüberzeugung für ein geeintes

Europa als Voraussetzung für alles andere. Und so haben wir Schritt für Schritt gemeinsam mit den anderen Mitgliedstaaten einen zwar mühsamen, aber immer hoffnungsvollen und mit konkreten und im Ganzen großartigen Fortschritten unterlegten Weg zurückgelegt.

Von meinem Amtsantritt als Bundeskanzler am 1. Oktober 1982 bis zu meinem Ausscheiden am 27. Oktober 1998 führte uns der Weg aus der Stagnation und »Eurosklerose« über die »Feierliche Deklaration zur Europäischen Union« von Stuttgart vom Juni 1983 und die »Einheitliche Europäische Akte« vom Februar 1986 mit den Beschlüssen zum europäischen Binnenmarkt hin zur deutschen Einheit in Frieden und Freiheit und dem Ende des Kalten Krieges 1990 und dann zu den Verträgen von Maastricht und Amsterdam in den 1990er Jahren mit den Beschlüssen zum Euro, zur Politischen Union und zur EU-Osterweiterung.

Ich bin sicher, dass ich jede Wette gewonnen hätte, wenn ich bei meinem Amtsantritt 1982 die großartigen Fortschritte vorausgesagt hätte, die wir am Ende des 20. Jahrhunderts in Europa erreicht hatten. Obwohl wir nicht damit rechnen konnten, haben wir sie erreicht, weil wir an Europa geglaubt haben und vom europäischen Weg überzeugt waren, weil wir dafür gekämpft und Überzeugungsarbeit geleistet haben und weil wir – das ist auch wahr und ganz normal in einem Bündnis mit mehreren Partnern – kompromissfähig waren.

Ich ergänze auch: Natürlich gab es bei meinem Ausscheiden aus dem Amt noch offene Punkte und ungelöste Fragen über die weitere Entwicklung in Europa. Ich sage natürlich, denn wer kann – und, selbst wenn er könnte, dürfte – in einer dynamischen Welt schon alles final und für die Ewigkeit entscheiden? Und das gilt erst recht mit Blick auf das evolutorische Projekt Europa.

Vergessen wir nie: Europa war immer schon ein Prozess der kleinen Schritte. Es war nie leicht, in Europa voranzukommen, und wir haben es uns auch nie leicht gemacht. Die Verhandlungen im Kreise der europäischen Partner haben oft bis in die frühen Morgenstunden gedauert. Es wurde immer hart gerungen, und es wurde keineswegs immer alles erreicht, sondern manches Mal musste manches für die Zukunft aufbewahrt werden. Es ging immer darum, was auf dem Weg zum geeinten Europa einerseits wünschenswert und andererseits in der konkreten Situation möglich und also anderen zumutbar war, mithin darum, die Grundrichtung beizubehalten und substantielle Fortschritte zu erreichen, ohne die oder den anderen zu überfordern.

Das hat sich vom Prinzip her bis heute nicht geändert. Das kann man beklagen, aber man muss es am Ende doch akzeptieren. Und dabei tut man sich umso leichter, je größer das Miteinander ist und auch das Wissen darum, dass Europa – wie das Leben – ein Geben und ein Nehmen ist und vor allem Vertrauen, Geduld und Augenmaß braucht. Das habe ich selbst persönlich oft genug erlebt.

Natürlich hätte auch ich mir in meiner Zeit als Bundeskanzler manches Mal eine weitergehende Entscheidung gewünscht, nicht zuletzt mit Blick auf die Politische Union. Wenn ich aber immer auf all dem bestanden hätte, was ich für wünschenswert und langfristig notwendig hielt, dann wären wir in Europa nicht so weit gekommen, wie wir bis Ende 1998 gekommen sind. Was wir erreicht haben, war das gemeinsam Machbare unter den gegebenen Umständen, und das war auch im Rückblick immer noch eine veritable Leistung.

Entscheidend für mich war bei meinem Ausscheiden aus dem Amt, dass ich mit dem Gefühl gehen konnte, dass Europa auf einen guten Weg gebracht war. Wir hatten viel erreicht. Wir hatten Europa eine neue Dynamik gegeben und die Weichen für die Zukunft gestellt. Die Richtung für Europa war vorgezeichnet. Mit dem Beschluss vor allem über den Euro war das geeinte Europa irreversibel geworden. Auch die Osterweiterung der EU, die die Rückkehr von Europäern nach Europa, in die europäische Völkerfamilie, bedeutete und mit der die Teilung des Kontinents endgültig überwunden werden würde, war ebenso auf den Weg gebracht wie die Politische Union, um das Erreichte auch politisch abzusichern.

Der Weg nach und für Europa war also bereitet, er hätte nur konsequent und im gemeinsamen, europäischen Geist weitergegangen werden müssen – miteingeschlossen das Bewusstsein und der politische Wille eines jeden EU-Mitgliedstaats, dass Europa zu Hause anfängt und niemand und nichts einem Mitgliedstaat seine Hausaufgaben abnehmen kann und Europa also nur gelingt, wenn jeder Mitgliedstaat dauerhaft seine Eigenverantwortung wahrnimmt und seinen essentiellen Beitrag zu Europa leistet. Wenn der Weg in diesem Bewusstsein und Geist weitergegangen worden wäre, wären wir heute in Europa schon viel weiter, und auch die Finanz- und Schuldenkrise hätte es in dieser Form und Dimension in Europa nicht gegeben.

Es kam anders. Nach 1998 wurden in Europa zunehmend und, ja, auch leichtfertig die geltenden Grundsätze des in der Logik des geeinten Europas liegenden iterativen Prozesses und des Anspruchs der »Qualität vor Quantität« mit allem, was dazugehört, missachtet, darunter vor allem: »Die Kleinen zählen so viel wie die Großen«, »Hilfe zur Selbsthilfe« oder »Reformkurs ist Beitrittskurs«. Das Projekt Europa wurde nicht mehr mit dem gebotenen Ernst und Schwung vorangetrieben, nationale Interessen rückten wieder verstärkt in den Vordergrund, Europa wurde wieder zunehmend zum Sündenbock für notwendige nationale Reformanstrengungen gemacht, die enge transatlantische Partnerschaft bekam Risse, und die noch junge Partnerschaft mit Russland wurde vernachlässigt, und Befindlichkeiten wurden verkannt.

Ich kann nicht verhehlen, das Gefühl zu haben, dass in den letzten Jahren der Blick für das große Ganze verlorengegangen ist, vor allem auch die Einsicht, dass Europa nur mit einem klaren politischen Willen gelingt, dass von manchem unser Projekt Europa – auch aus diffusen Ängsten vor der Größe der Aufgabe – nicht mehr ernst genug genommen, auch unterschätzt und zudem nicht mehr ausreichend verstanden wird, und zwar in der Hinsicht, was es für uns alle bedeutet und wie es funktioniert. Das ist nicht ungefährlich.

Auch hier hilft der Blick zurück: Schon mehrfach wurde in der deutschen und europäischen Geschichte das einmal Erreichte vertan und wurden Grundsätze über Bord geworfen, wurden kurzsichtig regional oder national motivierte Entscheidungen über das große Ganze gestellt und wurde zu spät gehandelt: Das Deutsche Reich ist daran zerfallen und auch der Völkerbund, um nur zwei Beispiele aus unserer jüngeren Geschichte zu nennen.

Damit kein Missverständnis aufkommt: Ich verkenne nicht die Größe der Aufgaben und Herausforderungen, die anstehen und vor uns liegen. Ich verkenne ebenso wenig, dass in Europa auch Fehler gemacht wurden, die zu erheblichen Unsicherheiten und Fehlentwicklungen beigetragen haben. Aber ich plädiere ganz entschieden dafür, dass die vielschichtige Gemengelage und schwierige Gesamtlage in Europa und der Welt nicht den klaren und ehrlichen Blick dafür verstellen dürfen, woher die Probleme und Fehlentwicklungen kommen, wo unsere Herausforderungen liegen und welche es im Einzelnen sind, und was also Problemstellung, Ursache, Wirkung und Lösung sind. Wenn wir das nicht sauber auseinanderhalten, dann können wir die richtigen Maßnahmen für die Zukunft nicht ergreifen und laufen zudem Gefahr, das in Europa Erreichte unnötig zu gefährden und also zurückzufallen statt nach vorne zu gehen.

Es ist wahr: Europa ist in keinem guten Zustand. Europa als Gemeinschaft steht vor großen Herausforderungen, Europa hat Probleme, einzelne Staaten haben Probleme. Aber wahr ist eben auch: Das Fundament, auf dem wir stehen und auf dem aufgebaut werden kann, ist trotz allem immer noch großartig. Die Herausforderungen und Probleme sind lösbar. Man muss sie nur beherzt angehen, und das aber muss man auch tun.

Und, man kann es nicht oft genug sagen: Nicht das geeinte Europa und der Euro sind die Ursache für manches Problem und manche Fehlentwicklung, wie heute auch immer wieder zu hören ist, sondern Europa und der Euro sind für uns schicksalsentscheidend und mithin Teil der Lösung. Nicht das Zurück zum Nationalstaat oder regionale Alleingänge sind die Lösung, sondern, im Gegenteil, das wäre ein Problem.

Das alles gilt umso mehr, weil sich die Welt seit 1990, seit dem Ende des Kalten Krieges und der bipolaren Welt, dramatisch verändert hat. Die Welt ist weniger überschaubar und insoweit komplexer geworden. Entsprechend haben sich auch die Herausforderungen für einzelne Staaten und Regionen noch einmal dramatisch gewandelt und gilt mehr denn je in der multipolaren Welt: Europa braucht Europa.

Die Fehler, die auf dem Weg des geeinten Europas gemacht wurden und die zu gravierenden Fehlentwicklungen geführt haben, liegen darin, dass der europäische Einigungsprozess nach 1998 nur noch halbherzig und nicht mehr mit der notwendigen Gradlinigkeit und Zielstrebigkeit weitergegangen wurde und dass nach der Einführung des Euro seine Stabilität mehr als leichtfertig aufs Spiel gesetzt wurde.

Ich will zwei zentrale Punkte oder Bereiche nennen, anhand derer die Gesamtsituation in Europa deutlich wird und die zu den wesentlichen Ursachen der erheblichen Fehlentwicklungen und Verunsicherungen gehören, denen wir heute in Europa gegenüberstehen.

Erster Punkt: Griechenland. Griechenland wurde 2001 in den Euroraum aufgenommen, ohne dass es die Eingangskriterien zur Einführung des Euro bereits erfüllt gehabt hätte. Mit der verfrühten Aufnahme wurde der bewährte

Grundsatz »Reformkurs ist Beitrittskurs« aufgegeben, heißt: erst die Reformen und dann der Beitritt. Das gilt für die Aufnahme neuer Mitgliedstaaten in die EU wie in den Euroraum, und das galt gerade auch mit Blick auf die Einführung des Euro Anfang 1999.

Ich denke nur an die erheblichen Konvergenzfortschritte, die innerhalb der EU in den 1990er Jahren durch große Konsolidierungsanstrengungen in den EU-Mitgliedstaaten erreicht wurden – auch von uns in Deutschland, und dies trotz der Erblasten der früheren DDR und also der zusätzlichen Finanzierungslasten im Zuge der deutschen Einheit –, um die Wettbewerbsfähigkeit zu verbessern und sich für die Euro-Einführung zu qualifizieren. Griechenland war es nicht gelungen.

Das Prinzip hat einen einfachen Grund: Die EU und der Euroraum bleiben einerseits offen für neue Mitglieder, aber andererseits wird die Gemeinschaft vor einer Zerreißprobe oder Fehlentwicklung bewahrt, indem keine Staaten Mitglied der EU oder des Euroraums werden, ohne die entsprechende Reife zu haben.

Der Aufnahme Griechenlands in den Euroraum hätte in der damals konkreten Situation – die jedem, der genauer hinsah, nicht verborgen geblieben sein konnte, und an Warnungen hat es auch nicht gefehlt – also nicht zugestimmt werden dürfen. Es hätte weiterhin zunächst auf notwendigen durchgreifenden strukturellen Veränderungen im Land bestanden werden müssen.

Dass es in solchen Situationen nicht einfach ist, dem Druck eines Landes zu widerstehen, ist mir bewusst. Gleichwohl hätte es mit mir als Bundeskanzler die Zustimmung Deutschlands in dieser wichtigen Frage nicht gegeben und hätte ich auch auf Brüssel und meine europäischen Kollegen entsprechend eingewirkt.

Ich weiß, wovon ich rede, ich sage dies aus eigenem Erleben. In den Verhandlungen zur Einführung des Euro in der zweiten Hälfte der 1990er Jahre habe ich den Griechen, die auch auf uns damals schon gewaltigen Druck ausübten, um von Beginn an im Euroraum dabei zu sein, meine ablehnenden Gründe immer deutlich gemacht und auf die Notwendigkeit von Veränderungen im eigenen Land verwiesen. Ich habe daran bis zuletzt gemeinsam mit dem deutschen Finanzminister Theo Waigel festgehalten.

Mit dem Regierungswechsel 1998 wurde die in der Sache begründete harte Position Deutschlands aufgekündigt. Das hat sowohl in Europa und dem Euroraum und darüber hinaus als auch in Griechenland zu erheblichen Turbulenzen geführt.

Für alle Seiten war es eine teure Fehlentscheidung. Neben den Verwerfungen beim Euro wäre es auch für Griechenland selbst – statt der dann folgenden harten Maßnahmen und Einschnitte – einfacher und für die Menschen im Land sozial verträglicher gewesen, mit dem Ziel des Beitritts zum Euroraum vor Augen die notwendigen Veränderungen langsam, aber stetig auf den Weg zu bringen und am Ende mit der nötigen Euro-Reife dem Euroraum beizutreten.

Wahr ist auch: Die Fehler mit der frühzeitigen Aufnahme Griechenlands in den Euroraum wurden gemacht, das ist eine Entscheidung der Vergangenheit. Als Konsequenz kann es keine Frage sein, dass wir – wie es geschieht – solidarisch zu Griechenland stehen und Unterstützung im Sinne von »Hilfe zur Selbsthilfe« leisten. Seine Hausaufgaben muss Griechenland natürlich selber machen, und das ist, wenn man die Situation nur ein wenig kennt, schwer genug.

Am Beispiel Griechenland kann man zwei weitere Aspekte sehr gut deutlich machen, die gerne übersehen werden und die aber wir jedenfalls, die den Euro auf den Weg gebracht haben, immer dargelegt und auch für uns selbst und unsere politische Verantwortung so verstanden haben: Der Euro ist genau kein Patentrezept oder Allheilmittel. Er kann notwendige strukturelle Reformen eines Landes nicht ersetzen. Seine Hausaufgaben muss ein jedes Land zwingend selber machen. Der Euro ist außerdem nicht die Ursache notwendiger oder gar überfälliger Reformen. Mit dem Euro zeigen sich die Defizite in der Wettbewerbsfähigkeit und der Stabilität eines Landes nur deutlicher und verstärkt sich der Handlungsdruck. Auch deshalb, und um unnötige Härten zu vermeiden, ist es umso wichtiger, dass ein Land vor dem Beitritt zum Euroraum die Reformen durchgeführt und die Euro-Reife erreicht hat.

Zweiter Punkt: Der Euro, die Maastricht-Kriterien und der Stabilitäts- und Wachstumspakt. Der Stabilitätspakt zur Einhaltung der Haushaltsdisziplin in den Euro-Mitgliedstaaten hätte nach der Einführung des Euro nicht in Frage gestellt, gebrochen und schließlich aufgeweicht werden dürfen.

Es ist für mich bis heute nur schwer nachzuvollziehen, dass dies mit Deutschland als einstigem Stabilitätsanker beziehungsweise mit Deutschland und Frankreich als langjährigem und eigentlichem Motor der europäischen Integration an der Spitze geschehen ist. Was hier passiert ist, ist wirklich ein Schandstück deutscher Politik und zugleich ein Verrat an der engen deutsch-französischen Zusammenarbeit, die sich – wie hier geschehen – niemals gegen den Stabilitätspakt hätte wenden dürfen.

Auch hier muss ich, und zwar noch deutlicher als zu Griechenland, ganz klar sagen: Mit mir als Bundeskanzler wäre das niemals geschehen. Dass Deutschland als Vorbild für und Hüter der Stabilität den Euro-Stabilitätspakt – den wir selbst, und zwar nicht zur Freude der anderen Mitgliedstaaten, in den 1990er Jahren durchgesetzt hatten – in der Umsetzung dann selbst nicht ernst nahm, die Kriterien verletzte, ohne Sanktionen zu akzeptieren, ihn also brach und schließlich die Aufweichung des Stabilitätspaktes betrieb, war an die anderen Mitgliedstaaten natürlich auch ein – nun umgekehrtes – Signal.

Es war ein Rechts- und ein Vertrauensbruch und wirkte zugleich wie ein Dammbruch, geradezu wie eine Aufforderung zum Schuldenmachen. Auch wenn hier manches zusammengekommen ist, darf nicht übersehen werden: Die ganze Situation mit der Schuldenproblematik im Euroraum und den Fragen rund um die Stabilität des Euro und Europas wäre ohne diese unglückselige Entwicklung heute eine andere, ganz einfach, weil auch andere Mitgliedstaaten den Pakt dann ernster hätten nehmen müssen.

Das Ganze ist umso tragischer, weil wir in Europa schon viel weiter waren und also hinter das Erreichte erheblich zurückgefallen sind. Die Währungsunion ist von uns als Stabilitätsgemeinschaft konzipiert worden, und bereits im Vorfeld der Währungsunion, in dem siebenjährigen Vorbereitungsprozess ab Unterzeichnung des Vertrags von Maastricht am 7. Februar 1992 bis zur Einführung des Euro am 1. Januar 1999, waren die EU-Mitgliedstaaten eindrucksvoll zu einer Stabilitätsgemeinschaft zusammengewachsen.

Bei der Einführung des Euro hatten wir – zumal in Verbindung mit den vertraglich verbindlichen Absicherungen zum Erhalt seiner dauerhaften Stabilität – berechtigte Hoffnung, dass diese Entwicklung auch in Zukunft Bestand haben würde. Und die Fortschritte in puncto Stabilität der Staatsfinanzen zeigten zunächst ja auch in die richtige Richtung.

Ich will die Dimension dessen, was hier geschehen ist, anhand eines Zitats von mir deutlich machen. In einer Rede in der Schweiz – genau an dem Ort übrigens, an dem Winston Churchill 1946 seine von mir oben zitierte, weitsichtige Rede zu Europa gehalten hat, in der Aula der Universität Zürich – habe ich am 18. Juni 1992 gesagt und dies in den 1990er Jahren sinngemäß auch immer wieder formuliert: »Keine deutsche Regierung wird zulassen, dass die in Maastricht vereinbarten strengen Kriterien – aus welchen Erwägungen auch immer – in irgendeiner Weise aufgeweicht werden.«

Diesen Satz habe ich als deutscher Bundeskanzler nicht leichtfertig und nicht ohne Grund gesagt. Dieser Satz, der ein Stabilitätsversprechen auf die Zukunft enthält, entsprach meiner festen Überzeugung.

Für meinen auch ganz persönlichen Einsatz in den Verhandlungen über den Euro mit dem Ziel, dass die gemeinsame europäische Währung so stabil werden müsste wie die D-Mark, hatte ich viele gute Gründe, die über die wichtigen wirtschaftlichen Aspekte noch hinausgingen. Und ich hatte nie den geringsten Zweifel daran, dass auch alle meine Nachfolger in Kenntnis der Tragweite einer solchen Entscheidung dies genauso sehen würden. Ich sollte mich irren.

Mein Stabilitätsversprechen war zugleich eine Absichtserklärung und ein Signal. Es war eine Absichtserklärung an die Deutschen, die ihre stabile D-Mark für die gemeinsame europäische Währung nur schweren Herzens aufgaben. Das war mir immer bewusst. Die Deutschen hatten im 20. Jahrhundert nicht nur zwei Kriege, sondern auch zwei verheerende Inflationen erlebt.

Für die Deutschen in der Bundesrepublik wurde die D-Mark, die im Sommer 1948 im Zuge der Währungsreform eingeführt wurde, zum Symbol des erfolgreichen Wiederaufstiegs nach dem Zweiten Weltkrieg mit dem sogenannten »Wirtschaftswunder«. Und für unsere Landsleute in der damaligen DDR bekam die D-Mark im Zusammenhang mit der deutschen Einheit noch einmal eine andere Bedeutung. Ich erinnere nur an die Transparente im Frühjahr 1990 mit der Aufschrift: »Kommt die D-Mark, bleiben wir – kommt sie nicht, geh'n wir zu ihr.« Sie bekamen die D-Mark noch vor der deutschen Einheit, und sie erlebten, was es bedeutete, wenn hinter einer Währung Stabilität und Kaufkraft stehen.

Mir ist immer bewusst gewesen, dass ich für die Entscheidung, die D-Mark gegen die gemeinsame europäische Währung einzutauschen, bei einer Abstimmung in der deutschen Bevölkerung keine Mehrheit bekommen hätte. Umso wichtiger war es, alles zu tun, damit der Euro so stabil wie die D-Mark werden würde. Als Anhänger der repräsentativen Demokratie ergänze ich, dass die Entscheidung für den Euro natürlich hinreichend demokratisch legitimiert war. Ich wurde viermal als Bundeskanzler im Amt bestätigt, und die Menschen wussten jedesmal, wen sie und was sie wählen.

Zu diesem Aspekt will ich gerne eine Passage aus meiner Rede vom 23. April 1998 im Deutschen Bundestag wiedergeben, in der ich – wie am Tag danach auch im Bundesrat – um die Zustimmung zur Absicht der von mir geführten Bundesregierung gebeten habe, die in beiden Fällen übrigens mit breiter Mehrheit erfolgte, beim bevorstehenden Rat der europäischen Staats- und Regierungschefs am 2. Mai 1998 in Brüssel der Einführung des Euro am 1. Januar 1999 mit damals elf Mitgliedstaaten zuzustimmen.

Ich habe damals vor dem Hintergrund des bereits erwähnten langjährigen Vorbereitungsprozesses zur Einführung des Euro, der konkret mit der Unterzeichnung des Maastricht-Vertrags im Februar 1992 begann, unter anderem ausgeführt: »Die Zeitgenossen, die aus ganz anderen Gründen durch das Land ziehen und den Euro verteufeln, wollen uns einreden, der Euro sei sozusagen über Nacht gekommen, er sei ein Husarenstück. Keine Spur davon: Es gibt wenige Entscheidungen der jüngeren deutschen Geschichte, die in Politik und Gesellschaft so intensiv diskutiert wurden, deren Vor- und Nachteile so hin- und hergewendet wurden wie das Thema der Wirtschafts- und Währungsunion. Deswegen widerspreche ich nachdrücklich all denen, die den Eindruck erwecken wollen, da werde etwas über unser Volk gestülpt, was das Volk gar nicht will.«

Ich komme zurück auf meinen weiter oben zitierten Satz aus meiner Rede in der Schweiz im Juni 1992. Mein damaliges Stabilitätsversprechen auf die Zukunft war außer einer Absichtserklärung an die Deutschen auch ein Signal. Es war das Signal an unsere europäischen Partner, dass wir Deutschen bei der gemeinsamen europäischen Währung wie zuvor bei der D-Mark höchsten Wert auf die Stabilität der Währung legen würden. Ich selbst habe in den 1990er Jahren, gemeinsam vor allem mit Finanzminister Theo Waigel, das Notwendige dafür getan, dass für die gemeinsame europäische Währung der stabilste und verlässlichste Rahmen geschaffen wurde, den eine Währung je hatte.

Das zu akzeptieren, ist unseren europäischen Partnern damals überhaupt nicht leichtgefallen, aber es war unser Preis dafür, dass wir die D-Mark mit dem Ziel einer stabilen europäischen Währung aufgaben. Wir haben uns durchgesetzt, und ohne diese rechtlich abgesicherte Stabilitätsgrundlage hätte ich dem Euro nicht zugestimmt.

Mein Satz war darüber hinaus ein Signal an die Staaten und Währungsräume außerhalb EU-Europas, dass sich hier eine starke, stabile Währung auf den Weg machte, um ihren Platz neben dem Dollar und dem Yen zu behaupten.

Unter dem Gesichtspunkt der Stabilität der gemeinsamen europäischen Währung kam für mich ein Weiteres hinzu. Je stabiler eine Währung ist, desto höher ist ihr identitätsstiftender Wert. Dies war mir umso mehr vor dem Hintergrund der eigenen positiven Erfahrung bewusst, die wir Deutschen, auch ich ganz persönlich, mit der D-Mark verbanden. Und dieser Aspekt war mir gerade auch für die neue gemeinsame europäische Währung sehr wichtig.

Es war immer klar, dass der Euro mehr sein würde und sollte als ein bloßes Zahlungsmittel. Meine Hoffnung war daher neben allem anderen auch, dass der Euro ein gemeinsames europäisches Bewusstsein vermitteln und das Zusammengehörigkeits- und Identitätsgefühl in Europa stärken würde. Nach allem, was ich sehe und erlebe, hat sich das zu meiner großen Freude erfüllt.

An dieser Stelle möchte ich etwas zur Entstehungsgeschichte des Euro sagen und zugleich mit einer Legende aufräumen, die sich hartnäckig hält und in immer wieder neuen Varianten verbreitet wird. Wahr ist: Der Euro wurde im Umfeld der deutschen Einheit auf den Weg gebracht und war ein wichtiges Signal an unsere westlichen Partner, dass die Deutschen berechenbare, verlässliche Bündnispartner bleiben und den Weg der europäischen Integration fortsetzen würden.

Unwahr ist, und das kann ich bezeugen, denn ich war schließlich als einer von zweien dabei: Es gab zu keinem Zeitpunkt ein Handels- oder Tauschgeschäft zwischen mir, Helmut Kohl, dem deutschen Bundeskanzler, und François Mitterrand, dem französischen Staatspräsidenten, nach dem Motto: »Bekommen wir, die Deutschen, die deutsche Einheit, geben wir dafür die D-Mark auf und kommt die gemeinsame europäische Währung.« Ich will aber gleich hinzufügen: Wenn die gemeinsame europäische Währung der Preis für die deutsche Einheit gewesen wäre, dann hätte ich ihn – bei entsprechender Absicherung der Stabilität der neuen Währung – in der historischen Stunde damals bezahlt.

So war es aber nicht. Der Ablauf der Geschichte war ein anderer.

Um das zu verstehen, muss man sich die Entstehungsgeschichte des Euro vor Augen halten. Zunächst muss man wissen, dass die Grundidee einer gemeinsamen europäischen Währung keine Erfindung von François Mitterrand und mir ist, sondern viel älter ist und viele Väter hat. Darüber hinaus muss man wissen, dass François Mitterrand und ich bereits wenige Monate nach meiner Wahl zum Bundeskanzler in der ersten Hälfte der 1980er Jahre über das Thema gemeinsame europäische Währung gesprochen haben, als noch niemand daran dachte, dass Ende des Jahrzehnts die Mauer fallen und die deutsche Einheit kommen könnte.

Wir haben die Frage der gemeinsamen Währung im Zusammenhang mit der politischen Einigung Europas erörtert. François Mitterrand und ich waren uns immer einig, dass für die dauerhafte Stabilität in Europa unser Ziel die politische Einigung sein musste. Eine gehobene europäische Freihandelszone, wie sie etwa der britischen Premierministerin Margaret Thatcher immer vorschwebte, lehnten wir beide als unzureichend ab. Unser Kontinent hatte lange genug unter den Rivalitäten der Nationalstaaten gelitten. François Mitterrand und ich waren uns außerdem einig, dass zur politischen Einigung die gemeinsame Währung gehörte und dass die gemeinsame Währung zugleich die Voraussetzung sein würde, um die Politische Union zu erreichen.

Zunächst meinten wir auch noch, beides – die Politische Union und die Währungs- und Wirtschaftsunion – gleichzeitig verwirklichen zu können. Dies stellte sich als nicht machbar heraus, und so entschieden wir schließlich, die gemeinsame Währung zunächst ohne die Politische Union durchzusetzen.

Die Jahre 1989/90 hatten die Welt zu sehr verändert. Es war immer klar, dass die Details der Politischen Union mit all den damit verbundenen Verfassungsfragen sehr schwierig zu verhandeln sein würden, und zwar noch schwieriger als die Fragen einer Wirtschafts- und Währungsunion mit der gemeinsamen Währung. Wahr war auch, dass François Mitterrand in der Frage der Politischen Union reservierter war als ich, weil er weit weniger bereit war, auf nationale Souveränitätsrechte zu verzichten, so sehr er andererseits die politische Einigung wiederum wollte. Und mit dem Fall des Eisernen Vorhangs war nun hinzugekommen, dass auch die Frage der Erweiterung der EU um die Staaten in Mittel-, Ost- und Südosteuropa verhandelt werden musste, damit die EU kein Torso blieb.

Allerdings hatte ich immer auch keinen Zweifel, dass mit dem Fundament einer europäischen Wirtschafts- und Währungsunion die Politische Union dann auch kommen würde. Dieser Zusammenhang war für mich immer eindeutig und die Entwicklung zwangsläufig.

Dass wir beide, François Mitterrand und ich, die gemeinsame Währung als Ergänzung des europäischen Binnenmarkts und als Baustein der politischen Einigung unabhängig von der deutschen Einheit wirklich wollten und dafür bereits vor 1989/90 entsprechende Vorbereitungen getroffen hatten, unterstreichen nicht zuletzt die Beschlüsse vom Europäischen Gipfel in Hannover im Juni 1988, als ebenfalls noch keine Rede von einer nahe bevorstehenden deutschen Einheit war.

François Mitterrand und ich sind damals beide für die Bildung einer Wirtschafts- und Währungsunion eingetreten. Es wurde dann ein Ausschuss unter Vorsitz des damaligen Kommissionspräsidenten, Jacques Delors, mit dem Auftrag eingesetzt, die konkreten Etappen zur Verwirklichung der vorgesehenen Wirtschafts- und Währungsunion zu prüfen und die Vorschläge rechtzeitig vor dem Europäischen Gipfel im Juni 1989 in Madrid vorzulegen.

Der im April 1989 daraufhin vorgelegte Delors-Bericht sah einen dreistufigen Fahrplan für die Verwirklichung der gemeinsamen Währung vor und bildete fortan die Basis für den Weg zum Euro.

Der Delors-Plan war eine großartige Leistung in einem historisch bedeutsamen Moment, um nicht zu sagen, er war ein Jahrhundertprojekt. Der Euro wird immer auch mit dem Namen von Jacques Delors verbunden bleiben, der sich überhaupt in den zehn Jahren seiner Präsidentschaft von 1985 bis 1995 mit einer ungeheuren Leidenschaft um die europäische Einigung verdient gemacht hat.

In der mit vielen Unsicherheiten behafteten Umbruchphase 1989/90 waren wir in der Frage der gemeinsamen europäischen Währung also bereits ganz konkret auf dem Weg. Es war dann, wie schon ausgeführt, ungeheuer wichtig, mit unserem Festhalten an der europäischen Währung von deutscher Seite aus für die Bündnispartner einmal mehr ein Zeichen der Verlässlichkeit zu setzen, dass wir, die Deutschen, auf dem Weg nach Europa jetzt nicht aussteigen und in nationales Hegemonialstreben zurückfallen, sondern mit gleichem Einsatz wie bisher beim Projekt Europa mit vorangehen würden.

Gleichwohl – ich muss es noch einmal wiederholen, weil es für das Verständnis wichtig ist – war die Einführung des Euro zu keinem Zeitpunkt eine Bedingung von Seiten François Mitterrands oder anderer. Es waren vielmehr die vor dem Hintergrund der Geschichte gewonnene Einsicht und der Wunsch auf beiden Seiten, dass das politisch geeinte Europa Wirklichkeit werden muss und dass dafür der Euro ein elementarer Baustein ist.

Die deutsche Einheit schuf dabei damals auch so etwas wie die Gunst der Stunde, um die notwendigen Beschlüsse für die angestrebte gemeinsame Währung im Kreise der europäischen Partner Schritt für Schritt, wie es der Delors-Plan vorsah, zu erreichen. Es war und ist bis heute, auch das kann man nicht oft genug betonen, keineswegs selbstverständlich, dass sich die europäischen Mitgliedstaaten ab Mitte 1989 mit dem Delors-Plan stufenweise überhaupt auf eine Wirtschafts- und Währungsunion verständigen konnten. Es bleibt für mich ein Wunder, dass wir es geschafft haben. Ich sage das nicht zuletzt vor dem Hintergrund, wo wir noch wenige Jahre zuvor, 1982, mit dem alles dominierenden Stimmungsbild von der »Eurosklerose« gestanden hatten.

Die Verständigung auf den Euro im Kreise der europäischen Mitgliedstaaten bleibt auch deshalb ein Wunder, weil wir, die Deutschen, die gemeinsame Währung ohne Gegenleistung und – rechtlich abgesichert – nach unseren deutschen Erfahrungen und Stabilitätsvorstellungen bekommen haben.

Wir hatten im Kreise der EU-Mitgliedstaaten auf deutsche Initiative hin rechtlich verbindlich Vorsorge getroffen, dass die Stabilitätskriterien strikt einzuhalten waren, und zwar auch nach der Einführung des Euro. Wir hatten uns auf Mechanismen zur Überwachung der Haushaltspolitik und Abstimmung der Wirtschaftspolitik der Mitgliedstaaten verständigt. Wir hatten vertraglich vereinbart, dass es keine Haftung der Gemeinschaft für Verbindlichkeiten der Mitgliedstaaten und keine zusätzlichen Transfers geben sollte. Die neu zu schaffende europäische Notenbank wurde, gesetzlich fixiert, mit geldpolitischer Unabhängigkeit ausgestattet und ist zuallererst der Stabilität der gemeinsamen europäischen Währung verpflichtet: Die Europäische Zentralbank wurde nach dem Vorbild der Deutschen Bundesbank mit nahezu identischen gesetzlichen Vorschriften errichtet, und sie hat ihren Sitz zudem nicht etwa in der französischen oder britischen Hauptstadt, sondern am deutschen Finanzplatz Frankfurt am Main.

Das alles war nicht selbstverständlich. Man kann es nicht oft genug betonen und nicht hoch genug einschätzen. Es kam – gerade auch die gesetzlich fixierte geldpolitische Unabhängigkeit der europäischen Notenbank – einer tiefgreifenden Veränderung für die meisten anderen Mitgliedstaaten gleich. Es war alles auch ein Vertrauensbeweis für die deutsche Stabilitätspolitik.

Das alles ist François Mitterrand und unseren europäischen Partnern, so sehr sie einen stabilen Euro als Baustein für Europa auch wollten, und dies gerade unter dem Eindruck der deutschen Einheit, nicht leichtgefallen. Aber sie haben es akzeptiert, sie haben dem allen zugestimmt. Das alles muss man immer berücksichtigen, wenn man über die Entscheidung für die gemeinsame europäische Währung, den Euro, im Umfeld der deutschen Einheit spricht.

Mit der Entscheidung für die gemeinsame Währung wurde die deutsche Einheit einmal mehr zum Katalysator für die europäische Einigung. Mir war es recht. Für mich waren die deutsche Einheit und die europäische Einigung immer zwei Seiten derselben Medaille. Für mich konnte und kann eine gute Zukunft Deutschlands immer nur in einem geeinten Europa liegen, und ich war früh ein entschiedener Befürworter der gemeinsamen Währung in einem vernünftigen und die Stabilität sichernden Rahmen zur Stärkung der Wettbewerbsfähigkeit und als Voraussetzung für die politische Einigung Europas.

Die Einführung des Euro – zum 1. Januar 1999 zunächst als Buchgeld, ab 1. Januar 2002 auch als Bargeld mit Münzen und Scheinen – ist nicht nur eine bedeutende Entscheidung im Bereich der Europäischen Union. Es ist eine wahrhaft tiefe Zäsur in der europäischen Geschichte.

Durch den Euro ist die europäische Einigung im Wortsinn unumkehrbar geworden und sind wir der dauerhaften Sicherung von Frieden und Freiheit auf unserem Kontinent einen wichtigen Schritt nähergekommen. Die Europäische Union, das Haus Europa, das wir bauen, wurde damit noch fester und unauflöslich zusammengebunden. Denn wer den Euro eingeführt hat, kann nicht einfach wieder aussteigen. Und das ist sehr viel mehr, als jede finanz- oder währungspolitische Entscheidung sonst bedeutet.

Und so bleibt die Entscheidung für den Euro, die wir damals im Umfeld der deutschen Einheit, aber auf Basis eines zuvor verabredeten Zeitplans mit dem Ziel des politisch geeinten Europas getroffen haben, bei allen Herausforderungen, vor denen wir heute auch noch und wieder stehen, ganz und gar richtig.

Ich bleibe dabei, was ich immer vertreten habe: Die Entscheidung für den Euro und die europäische Wirtschafts- und Währungsunion war – wie es im Übrigen alle politischen, zumal wegweisenden Entscheidungen sind – natürlich ein Wagnis, aber sie war in keiner Weise ein nicht beherrschbares, unkalkulierbares Risiko. Im Gegenteil. Es gab – wie schon erwähnt – von der Unterzeichnung des Vertrags von Maastricht am 7. Februar 1992 bis zur Einführung des Euro am 1. Januar 1999 einen langjährigen, und zwar siebenjährigen Vorbereitungsprozess mit klaren Vereinbarungen und einer vielversprechenden Entwicklung in den allermeisten EU-Mitgliedstaaten hin zu einer Stabilitätsgemeinschaft. Es gab außerdem ein eindrucksvolles Regelwerk nach deutschen Erfahrungen und Vorstellungen, mit der wir die Stabilität des Euro auch nach seiner Einführung abgesichert hatten.

Ich war und bin davon überzeugt, dass die Erfolgsgeschichte der stabilen D-Mark mit einer Erfolgsgeschichte des Euro weitergeht und dass die Vorzüge, die wir Deutschen mit der D-Mark erarbeitet hatten und die wir bis heute mit der D-Mark verbinden, nicht verlorengegangen sind, sondern dass wir sie zum Vorteil Deutschlands und Europas in ein größeres Ganzes eingebaut haben. Ich sage dies im Bewusstsein mancher Fehlentwicklungen, die aber ganz andere, und zwar hausgemachte Gründe haben.

Diese sind korrigierbar und müssen korrigiert werden.

Ich bin auch fest davon überzeugt, dass das Zeitfenster für den Euro in den 1990er Jahren einmalig war. Wenn wir damals den Schritt nicht gegangen wären, wenn wir als Bedingung für die Einführung des Euro über die erzielten Absicherungen und Fortschritte hinaus zudem noch auf der völligen Vollendung der Politischen Union bestanden hätten, hätten wir den Euro damals nicht und auch danach nicht bekommen. Wir hätten ihn heute noch nicht, und wenn ich mich umsehe in Europa, dann habe ich Zweifel, ob so bald noch einmal eine günstige Stunde für die Euro-Einführung kommen würde.

Allen Skeptikern und Kritikern möchte ich auch entgegenhalten: Was wäre in der Finanz- und Wirtschaftskrise der vergangenen Jahre in Europa geschehen, wo stünden wir heute, wenn es den Euro als feste Klammer nicht gegeben hätte und nicht geben würde? Neben allen ökonomischen Verwerfungen und Währungsturbulenzen, die es mit einer Vielzahl nationaler Währungen gegeben hätte, bin ich mir keineswegs sicher, ob Europa darüber nicht auseinandergebrochen wäre.

Und ich füge an: Wenn ich auch die aktuelle Diskussion in Europa betrachte, dann bin ich einmal mehr froh, den Euro als feste Klammer für Europa zu haben. Allerdings gilt auch: Die mit dem Euro verbundenen positiven Erwartungen und Hoffnungen für den europäischen Integrationsprozess werden sich nur erfüllen, wenn wir beim Euro Schritt für Schritt, aber schnellstmöglich wieder zu einer Gemeinschaft der Stabilität und der Rechtstreue zurückkehren.

Insgesamt muss ich gestehen, dass ich mir bei meinem Ausscheiden aus dem Amt nicht habe vorstellen können, dass die Entwicklung in Europa und darüber hinaus, gerade auch unser Verhältnis zu Amerika, einmal ohne Not derart hinter das im 20. Jahrhundert Erreichte zurückfallen könnte. Und ich tue mich sehr schwer damit, dass für diesen Rückschritt mit all seinen gravierenden Folgen ausgerechnet Deutschland und Frankreich, die eine zentrale Bedeutung und Vorbildfunktion für Europa haben und die der eigentliche Motor Europas sein müssen, ganz wesentlich verantwortlich sind.

Damit will ich weder die Herausforderungen und Aufgaben noch die Bedeutung der Versäumnisse und Verstöße gegen den Stabilitätspakt anderer Mitgliedstaaten kleinreden, aber die Realität muss man schon zur Kenntnis nehmen und benennen. Auch hier hilft ein Blick zurück in die Geschichte: Die Erfolge in Europa waren möglich, weil und wenn Deutschland und Frankreich ihre Verantwortung kannten und wahrgenommen haben.

Mit den beiden politischen Fehlentscheidungen – die verfrühte Aufnahme Griechenlands in den Euroraum und das Brechen und anschließende Aufweichen des Euro-Stabilitätspakts – wurde nicht nur die Stabilität des Euro nachhaltig beeinträchtigt. Ganz Europa hat Schaden genommen. So, wie der Euro mehr ist als ein bloßes Zahlungsmittel und vor allem auch eine Voraussetzung für die politische Einigung, so hat das alles Folgen gehabt, die weit über den Tag hinausreichen und über die eigentlichen Währungsfragen und materiellen Problemstellungen hinausgehen.

Beide Entscheidungen gehören zu den wesentlichen Ursachen für die Fehlentwicklungen, die wir in der EU, im Euroraum, in einzelnen Mitgliedstaaten und darüber hinaus insgesamt erleben müssen und zu Recht beklagen. Die Fehlentwicklungen an den Finanzmärkten haben die Folgen dieser ursprünglichen Fehlentscheidungen noch verstärkt und wären wiederum weniger folgenreich gewesen, wenn Europa eine stabile Währungssituation mit gesunden Staatsfinanzen gehabt hätte.

Beide Entscheidungen sind auf deutscher Seite – das gehört zur Wahrheit dazu – von einer rot-grünen Bundesregierung getroffen worden und zu verantworten. Und zur Wahrheit gehört auch, dass diese Entscheidungen – wie man leicht erkennen kann, wenn man die Fakten wägt – nicht einmal etwas mit vermeintlichen Zwängen der Realpolitik oder nationaler Reformprogramme zu tun hatten, die als Begründung jedenfalls mit Blick auf die Nicht-Einhaltung und das anschließende Aufweichen des Stabilitätspaktes gerne angeführt werden. Es ging tatsächlich weder um deutsche noch europäische, sondern schlicht um parteipolitische Interessen und hatte wahltaktische Gründe. Es ging darum, über die Versäumnisse der eigenen Politik hinwegzutäuschen und vor dem deutschen Volk nicht als Finanz- und Währungssünder dazustehen.

So wurden nach der Regierungsübernahme ab Ende Oktober 1998 von der neuen rot-grünen Bundesregierung wichtige Reformen und Konsolidierungsmaßnahmen für unser Land schlicht aufgeschoben. Einerseits wurden Reformen zurückgenommen, und andererseits wurden Reformen erst gar nicht mehr auf den Weg gebracht. Das betraf auch jene Bereiche, in denen in meiner letzten Amtsperiode von 1994 bis 1998 meine Regierung bereits Vorschläge eingebracht hatte, die dann aber im rot-grün dominierten Bundesrat wider besseres Wissen um ihre Notwendigkeit aus rein taktischen Gründen blockiert worden waren. Ich denke nur an unsere Rentenreform und große Steuerreform. Zum Ende seiner Amtszeit hat mein Nachfolger die Versäumnisse auch selbst erkannt und innenpolitisch einen Kurswechsel vollzogen.

Mit anderen Worten: Nicht die von mancher

Seite gerne beschworenen, vermeintlichen »Konstruktionsfehler« beim Euro oder beim Bau des Hauses Europa sind Ursache der aktuellen Fehlentwicklungen und »Katerstimmung« in Europa – also nicht eine unzureichende Rechtslage, auch nicht ein unzureichender Souveränitätsverzicht auf nationaler Ebene in bestimmten Bereichen zugunsten der europäischen Ebene etwa im Rahmen der noch nicht vollendeten politischen Einigung.

Sondern: Es hat schlicht an Redlichkeit und Rechtstreue zu den bestehenden europäischen Verträgen und Vereinbarungen gefehlt, und es hat an Verantwortung und Ernsthaftigkeit und wohl auch Einsicht und Verständnis gemangelt, was Europa für uns alle bedeutet, wie es funktioniert und was wir – zumal vor dem Hintergrund des im 20. Jahrhundert Erreichten – Gefahr laufen zu verlieren.

Wo der Wille fehlt, nutzen auch keine Regeln und Gesetze. Ergänzend sei daran erinnert, dass wir in Europa in den 1990er Jahren in einer großen Kraftanstrengung insbesondere mit den Verträgen von Maastricht und Amsterdam – neben den Beschlüssen über die Wirtschafts- und Währungsunion mit allen Absicherungen und zur EU-Osterweiterung – auch im Hinblick auf die politische Einigung schon vieles auf den Weg gebracht hatten.

Ich will hier nicht im Einzelnen diskutieren, was in den Jahren nach 1998 in rot-grüner Regierungsverantwortung geschehen ist oder eben auch genau nicht geschehen ist. Das kann jeder für sich anhand der Dokumente und Fakten selbst nachvollziehen und sich ein Bild machen. Aber ich will schon sagen, dass es für mich mit meiner Auffassung von politischer Verantwortung schwer nachzuvollziehen ist, wie ein deutscher sozialdemokratischer Bundeskanzler und seine ganze Regierung gleich mit, vor allem sein grüner Außenminister, mit solch schicksalhaften Fragen für unsere Zukunft umgegangen sind und wie leichtfertig tagespolitischem Opportunismus und parteipolitischen und wahltaktischen Erwägungen der Vorrang gegeben wurde vor der Zukunft unseres Landes wie ganz Europas und der Welt.

Ich sage dies einmal mehr vor dem Hintergrund unserer besonderen deutschen Verantwortung, die sich aus unserer Geschichte, Größe und europäischen Mittellage begründet, und dem, was alle Bundeskanzler seit Konrad Adenauer über fünf Jahrzehnte, von 1949 bis 1998, an Vertrauen und Renommee in Europa und der Welt für Deutschland aufgebaut hatten.

Meine Erinnerungen gehen an dieser Stelle einmal mehr zurück in das Jahr 2002, als in der Endphase des deutschen Bundestagswahlkampfs eine mögliche militärische Intervention in den Irak unter amerikanischer Führung zum Wahlkampfthema gemacht wurde und mein Nachfolger im Kanzleramt einen »deutschen Weg«, das Ende der »Zeiten, in denen Amerika als Vorbild dienen sollte« und eine »Politik des Selbstbewusstseins« proklamierte.

Mit dieser unglückseligen Proklamation und der ganzen Debatte, die dann folgte, wurden die Europapolitik und das Verhältnis zu Amerika, unserem wichtigsten Verbündeten außerhalb Europas, schwer belastet. Die Äußerungen und die nachfolgende Diskussion damals über die Haltung Deutschlands und Europas oder besser gesagt die Haltung der EU-Mitgliedstaaten und EU-Beitrittskandidaten zum Irak-Krieg spalteten auch Europa wochenlang.

Zugleich wurde die Kriegsangst der Deutschen von der damaligen Bundesregierung politisch instrumentalisiert, wurde Stimmung gemacht, und zwar wider besseres Wissen, denn es ging den Amerikanern damals gar nicht um eine mögliche Beteiligung deutscher Soldaten am Irak-Krieg, sondern nur um unser Abstimmungsverhalten im Weltsicherheitsrat. Die Amerikaner wollten nur unsere Unterstützung im Weltsicherheitsrat im Kampf gegen den internationalen Terrorismus und gegen das verbrecherische Regime im Irak.

Dass wir die Amerikaner dort im Stich ließen, war der entscheidende Fehler auf deutscher Seite. Ich sage dies im Bewusstsein mancher Fehler und Versäumnisse, die auch auf amerikanischer Seite gemacht wurden, die aber im vertrauensvollen Miteinander und im Gespräch nach meiner Erfahrung hätten verhindert werden können. Auch hier wieder ging es bei der rot-grünen Bundesregierung nur um wahltaktische Überlegungen.

Das allein dem Wahlkampf geschuldete Verhalten eines deutschen Bundeskanzlers und seines Außenministers im Jahr 2002 ist eine wahrhaft historische Zäsur. Eine Zäsur, auf die Deutschland nicht stolz sein kann. Es ist der seit 1945 bis heute gravierendste Vertrauensbruch einer deutschen Regierung im Rahmen der freien, westlichen Welt und Wertegemeinschaft.

Das alles hat zu Verwerfungen und Versäumnissen geführt, die bis heute nachwirken. Das über Jahrzehnte aufgebaute Vertrauen gegenüber Amerika, aber auch innerhalb Europas, und hier insbesondere zwischen den westeuropäischen Mitgliedstaaten der EU und den damaligen EU-Beitrittskandidaten in Mittel-, Ost- und Südosteuropa, wurde schwer beschädigt.

Von dieser Auseinandersetzung wurde auch die ganze Diskussion über den weiteren Integrationsprozess Europas nachhaltig belastet. Ich denke nur an die Debatte um die europäische Verfassung oder die Politische Union, die längst vollendet sein oder zumindest wichtige Fortschritte aufweisen könnte, wenn man es ernsthaft gewollt hätte und wenn das vertrauensvolle Miteinander in Europa nicht derart beschädigt worden wäre.

Das alles darf man nicht ausblenden, wenn man die vergangenen Jahre bis hin zur aktuellen Lage mit dem Konflikt um die Ukraine und Russland, aber auch mit unserem rissigen, nicht mehr wirklich von Vertrauen und Miteinander geprägten Verhältnis in der EU untereinander wie zu Amerika betrachtet. Die Entwicklung und die Diskussionen sind mehr von Krisen und Krisenstimmung mit andauernder Krisendiktion, von mutlosem Klein-Klein und nationalen und regionalen Egoismen geprägt als von sichtbaren, substantiellen Fortschritten.

Natürlich kommt auch hinzu, dass sich die Welt in den vergangenen Jahren gewaltig verändert hat, insbesondere seit 1990 mit dem Ende des Kalten Krieges und der Wiedervereinigung Deutschlands und Europas und dem Übergang von der bipolaren Welt in die multipolare Welt. Die Welt ist seitdem nicht mehr so überschaubar wie früher, und die Herausforderungen haben sich – zumal in Verbindung mit den neuen Informations- und Kommunikationstechnologien –

deutlich gewandelt. Sie sind zum Teil noch stärker als früher nur im Miteinander und nicht mehr allein mit Mitteln der nationalen Politik zu bewältigen.

Auch ist die EU größer geworden. Sie hat mit der Ost-Erweiterung zwischenzeitlich einen ganz wesentlichen Schritt auf dem Weg der europäischen Einigung vollzogen. Was 1951 mit der Europäischen Gemeinschaft für Kohle und Stahl, der EGKS, und 1957 mit den Römischen Verträgen mit sechs Mitgliedern seinen Anfang nahm, ist heute, rund sechs Jahrzehnte später, die Europäische Union mit einer gemeinsamen Währung, die Europa unumkehrbar macht, und 28 Mitgliedstaaten, von denen allein zehn vor 25 Jahren noch jenseits des Eisernen Vorhangs lagen.

Gerade vor diesem Hintergrund sage ich einmal mehr: Es ist ein Irrtum zu glauben, dass die Herausforderungen sehr viel schwieriger und komplexer geworden sind, als sie es früher waren. Ich kann nicht entdecken, dass politisches Handeln in der Zeit des Kalten Krieges mit einer zweigeteilten Welt in einen freien und einen unfreien Teil, einem geteilten Vaterland und den ständigen Unsicherheiten und der Bedrohung bis hin zur realen Gefahr eines erneuten Weltkriegs sehr viel einfacher und weniger komplex und die Herausforderungen weniger groß gewesen sein sollen.

Ich sage das aus eigenem Erleben. Ich habe ziemlich genau jeweils die Hälfte meiner 16-jährigen Amtszeit als deutscher Bundeskanzler vor und nach der Wiedervereinigung Deutschlands und damit auch vor und nach dem Ende des Kalten Krieges sowie in der bipolaren und der multipolaren Welt an der Spitze unseres Landes in politischer Verantwortung gestanden. Ich weiß also sehr genau, wovon ich rede. Und ich jedenfalls habe die Zeit nach 1990 für unser Land und für Europa wie für die ganze Welt, auch unter dem Aspekt politischer Gestaltungsmöglichkeiten, als deutlich freier und offener, chancenreicher und glücklicher empfunden – bei allen Schwierigkeiten und großen Veränderungen natürlich, denen auch ich mich damals schon gegenübersah.

So ist insgesamt in den vergangenen Jahren für Europa wie für die ganze Welt in der Tat viel zusammengekommen und muss sich vieles auch erst neu finden. Und trotzdem ist es jetzt aber höchste Zeit, dass EU-Europa, allen voran die Mitgliedstaaten, sich wieder darauf besinnen, dass und welche Verantwortung sie für Europa insgesamt, für die westliche Wertegemeinschaft und die Welt als Ganzes haben. Denn: Von alleine lösen sich die Fehlentwicklungen und Probleme und offenen Fragen nicht. Ein Weiter-so kann es nicht geben.

Ich will – noch einmal – die Herausforderungen und Aufgaben keineswegs kleinreden. Sie sind gewaltig. Ich will aber den Blick einmal mehr darauf lenken, dass wir in Europa bis heute – trotz mancher noch offenen Frage – bereits viel erreicht haben, dass wir – trotz aller, aber doch lösbaren Probleme – gut dastehen, dass es uns – verglichen mit vielen anderen Orten und Regionen in der Welt – richtig gut geht und dass es auch früher schon große Herausforderungen und Aufgaben gab, die bewältigt wurden. Ich frage mich, warum soll das heute nicht wieder möglich sein?

Ich denke nur an die Stunde Null nach Ende des Zweiten Weltkriegs im Jahr 1945 in Europa, an die Umbruchjahre 1989/90 und den Fall der Berliner Mauer im Jahr 1989. Wenn die Gründerväter Europas in den Jahren nach dem Ende des Zweiten Weltkriegs oder wenn wir, die politisch Verantwortlichen in Ost und West einschließlich der mutigen Reformpolitiker, in den Jahren 1989/90, statt beherzt zu handeln, so zögerlich und verzagt agiert hätten, wie dies in einem weit weniger dramatischen Umfeld manche heute tun und zudem regelmäßig Superlative zur Beschreibung einer wieder einmal »historischen« Situation oder Krise bemühen, dann gäbe es weder den europäischen Einigungsprozess noch die deutsche Einheit noch die EU-Osterweiterung, einfach, weil die Welt sich ganz anders entwickelt hätte.

Das heißt auch: Die Veränderungen in der Welt, die unbestritten groß sind und auch uns alle in Europa berühren, können ebenso wenig wie die Fehlentwicklungen, die es zweifelsfrei gibt, und die Fehler, die nun einmal gemacht wurden, eine Entschuldigung dafür sein, dass wir auf dem Weg zum geeinten Europa in den vergangenen Jahren kaum vorangekommen sind und dass die EU mit ihren verschiedenen Institutionen und ihren einzelnen Mitgliedstaaten sich zu sehr mit sich selbst beschäftigt und Gefahr läuft, zurückzufallen und auseinanderzubrechen.

Und so steht Europa heute wieder an einem Scheitelpunkt. Ähnlich wie 1982/83 in der Stimmungslage der »Eurosklerose« wird Europa sich jetzt, in der ersten Hälfte des 21. Jahrhunderts, entscheiden müssen, ob wir nach Jahren einer lähmenden, auch rückwärtsgewandten Debatte einen neuen Anlauf für Europa nehmen und nach vorne gehen wollen in eine gute Zukunft in einem geeinten Europa mit Frieden und Freiheit, mit Demokratie, Achtung der Menschenrechte, Rechtsstaat, sozialer Stabilität und Wohlstand, und das seine Verantwortung in der Welt verlässlich wahrnehmen kann, oder ob wir eine Jahrhundertchance an uns vorbeiziehen lassen und das Erreichte verspielen wollen und stattdessen in die alten nationalstaatlichen Denkmuster und Auseinandersetzungen zurückfallen – mit allen Risiken, wie auch ein Blick in die Geschichte und auf die aktuelle Lage leicht verdeutlicht.

Bei allem, was noch zu tun, auf den Weg zu bringen und auch zu korrigieren ist, muss vor allem eines klar sein: Der Weg muss nach vorne führen, das heißt nach Europa. Der Nationalstaat alter Prägung mit der Vorstellung eines nur losen Verbunds unabhängig handlungsfähiger Staaten in Europa, also ohne das Dach des politisch geeinten Europas, ist ein Rückgriff auf überholte Konzepte und keine Lösung. Die Geschichte lehrt: Unser Kontinent hat lange genug unter den Rivalitäten der europäischen Nationen gelitten.

Natürlich wiederholt sich Geschichte nicht, aber der Blick zurück und über den Tellerrand – auch der Blick aktuell auf unsere europäischen Nachbarn im Osten, auf Russland und die Ukraine – mahnt zur Wachsamkeit und macht deutlich: Das Gespenst des Nationalismus und die Kriegsgefahr in Europa sind keineswegs für alle Zeit überwunden, die bösen Geister der Vergangenheit können immer wiederkommen.

Mein verstorbener Freund, der französische Staatspräsident François Mitterrand, hat diese für manche unangenehme Wahrheit im Januar 1995 wenige Wochen vor seinem Ausscheiden aus dem Amt des französischen Staatspräsidenten und ein Jahr vor seinem Tod vor dem Europäischen Parlament in Straßburg in dem sehr zutreffenden Satz gewissermaßen testamentarisch zusammengefasst: »Der Nationalismus, das ist der Krieg.« Er hatte recht. Und in diesem Satz lag auch eine ganz wesentliche Grundlage unseres Vertrauensverhältnisses.

Die europäische Einigung ist die wirksamste Versicherung gegen einen Rückfall in den unheilvollen Chauvinismus des 19. Jahrhunderts. Und neben der Chance auf dauerhaften Frieden und Freiheit in Europa als Voraussetzung für alles brauchen wir Europa auch, damit wir unserer gewachsenen internationalen Verantwortung in einer sich grundlegend gewandelten Welt gerecht werden können, damit unser gemeinsames europäisches Wort Gewicht hat und damit wir uns im weltweiten Wettbewerb mit den anderen großen Wirtschaftsräumen behaupten und unseren Wohlstand sichern und unsere soziale und politische Stabilität bewahren können. Wer etwas anderes sagt und fordert, hat nicht nur aus der Geschichte nichts gelernt. Er unterschätzt auch alle anderen sachlogischen, politischen und auch ökonomischen Zwänge.

Zugleich darf Europa aber kein europäischer Superstaat oder Zentralstaat sein. Winston Churchills Begriff der »Vereinigten Staaten von Europa«, den auch ich von Konrad Adenauer übernommen und viele Jahre gern verwendet hatte, war missverständlich, auch wenn wir, die ihn benutzten, das Richtige darunter verstanden. Leider hat dieser schöne Begriff, der die Vision vom geeinten Europa mit so viel mehr Glanz und Ausstrahlung zum Ausdruck bringt als andere mehr technokratische Begriffe – dazu gehört auch jener der Politischen Union – falsche Assoziationen, auch Ängste geweckt.

Wir wollen gerade nicht so etwas wie die Vereinigten Staaten von Amerika auf europäischem Boden. Wir wollen ein vereintes, demokratisches, bürgernahes und handlungsfähiges Europa auf föderaler Grundlage. Wir wollen ein Europa, das sich seine Pluralität, eingebettet in das Prinzip Einheit in Vielfalt, erhält und sie verteidigt. Niemand kann ein Interesse daran haben, die Unterschiede zwischen den Völkern einzuebnen und ihre Eigenheiten, ihre nationalen Traditionen und Charakteristika verschwinden zu lassen. Die europäische Einigung steht eben nicht für ein Europa der Gleichmacherei, sondern für ein Europa, das die nationale Identität und Kultur aller Mitgliedstaaten und ihrer Regionen achtet.

Wir wollen ein Europa, das dem Prinzip der Subsidiarität folgt und in dem auf jeder Ebene – von Brüssel als der Gemeinschaftsebene über die nationale bis hin zur kommunalen Ebene – das geregelt wird, was dort am besten geregelt werden kann, und das ein Europa ist, das nie aus den Augen verliert, dass es von den Bürgern getragen – nicht ertragen – wird.

Wir wollen ein Europa, das offen ist und tolerant, auch gegenüber Andersdenkenden und Andersgläubigen, aber auf Basis unserer großen abendländischen Tradition. Wir wollen uns immer vergegenwärtigen, dass das einigende Band, das uns Europäer miteinander verbindet – über alle Länder- und Sprachgrenzen und kulturelle Verschiedenheiten hinweg –, unser gemeinsames, großartiges kulturelles Erbe ist. Das sind unsere einzigartigen Kulturdenkmäler, und es ist vor allem das geistige Fundament, auf dem wir alle stehen: die Philosophie der Antike, die Ideen des Humanismus und der Aufklärung und die Kraft des Christentums.

Wir wollen ein Europa der Vaterländer sein – wie Frankreichs Staatspräsident Charles de Gaulle es einst ausgedrückt hat – in einem geeinten Europa, in dem wir alle Europäer sind und uns zugleich unsere nationale Identität bewahren. Wir wollen also Deutsche, Italiener, Franzosen, Niederländer, Polen und Ungarn bleiben, um nur einige zu nennen, und zugleich Europäer sein.

Mit dem Ziel, Europa dauerhaft zu sichern und damit auch den Frieden und die Freiheit der europäischen Völkerfamilie, muss es jetzt darum gehen, das Fundament Europas wieder zu festigen, den europäischen Einigungsprozess entschlossen voranzubringen und ihn politisch unumkehrbar zu machen.

Wir müssen den Bau des »Hauses Europa« jetzt mit neuem Schwung angehen und Schritt für Schritt vollenden. Das Haus Europa muss so groß sein, dass alle Völker Europas, die dies wünschen und können, darin eine Wohnung haben.

Mit unseren Verträgen gestalten wir eine Hausordnung für ein friedliches Miteinander, die von den Mitgliedstaaten natürlich eingehalten werden muss und mit der auch unvermeidbare Auseinandersetzungen in zivilisierter und geordneter Form geführt werden können, ohne dass es jemals wieder Krieg gibt.

Das Haus Europa muss ein Dauerwohnrecht für unsere amerikanischen und kanadischen Freunde haben. Eine Friedens- und Stabilitätsordnung für unseren Kontinent wird nur Bestand haben, wenn wir weiter fest an der Seite der Vereinigten Staaten von Amerika stehen und wenn – umgekehrt – auch die Amerikaner fest an unserer Seite stehen. An diesem Grundsatz kann und darf es nie einen Zweifel geben.

Auch das ist eine Lektion unserer Geschichte: Deutschland darf nie wieder ein Wanderer zwischen den Welten werden, sondern muss – wie Konrad Adenauer es mit der Westbindung fixiert hat – fest im freiheitlichen Westen, in der europäisch-atlantischen Staatengemeinschaft, verankert bleiben. Und wie für Deutschland gilt ebenso für die Europäische Union, dass es keine Alternative zur festen Partnerschaft und Freundschaft mit den Vereinigten Staaten von Amerika gibt.

Dabei können auch einmal Unstimmigkeiten oder Meinungsverschiedenheiten auftreten, aber das ändert nicht das Prinzip. Das ist normal und gehört zur Freundschaft dazu. Freundschaft und Partnerschaft bedeuten auch, dass man dem Freund seine Meinung sagt, und zwar auch das, was er nicht gerne hört. Das ist in der Sache und für das Miteinander im Übrigen für beide Seiten oft hilfreich. Es kommt nur darauf an, wie man es sagt. Es kommt auf das »Wie« an.

In diesem Sinne wünsche ich mir sehr, dass das Verhältnis zu unseren amerikanischen Freunden wieder normalisiert wird und wieder stärker von gegenseitigem Vertrauen und vertrauensvollem Miteinander geprägt ist. Das sage ich für Europa und auch für mein Land und auch an unseren Freund Amerika gerichtet.

Das enge Miteinander ist für beide Seiten elementar, auch mit Blick auf die Herausforderungen außerhalb Europas und Amerikas. Wir können die Zukunft nur gemeinsam gewinnen. Und einmal mehr erinnere ich daran, welche lange

Wegstrecke wir seit 1945 gemeinsam gegangen sind und dass die Voraussetzung dafür – mit dem gemeinsamen politischen Ziel der Sicherung von Frieden und Freiheit vor Augen – das vertrauensvolle Miteinander war.

An dieser Stelle bietet es sich an, auf etwas einmal näher einzugehen, das oft falsch verstanden wird und das für erfolgreiches politisches Handeln und als Basis für Vertrauen aber unerlässlich ist: Es ist ein Irrtum zu glauben, dass man Sympathie und Achtung gewinnt, wenn man seine oder besser gesagt die Interessen seines Landes nicht anmeldet und nicht vertritt. Das Gegenteil ist der Fall. Diese Erfahrung habe ich in meinem langjährigen politischen Leben auch selbst immer wieder gemacht. Ein vertrauensvolles Miteinander braucht die Verlässlichkeit und die Berechenbarkeit. Und zu Verlässlichkeit und Berechenbarkeit gehört, dass man seine vitalen Interessen wahrnimmt – nicht radikal und kurzsichtig, sondern ehrlich und ganz selbstverständlich, ohne Hochmut, mit Weitsicht, eingebettet in das große Ganze und mit Rücksicht auf die gemeinsame Interessenlage wie die Befindlichkeiten und Interessen des anderen. Das erwarten wir so von unseren Partnern, und das erwarten unsere Partner so von uns. Und auch hier kommt es ganz elementar auf das »Wie« an.

Das Haus Europa soll keine Festung Europa sein. Es muss weiter für freien Welthandel und offene Märkte stehen und eintreten. Europa muss außerdem seine Verantwortung in der Welt wahrnehmen. Wir wollen an der Seite Amerikas unseren Beitrag zu Frieden und Freiheit in der Welt leisten mit allem, was dazugehört. Wegbegleitung und Unterstützung müssen dabei im Rahmen von »Hilfe zur Selbsthilfe« erfolgen.

Frieden kann es auf Dauer in Europa nur geben, wenn alle Menschen in Europa friedlich zusammenleben. Frieden ist unteilbar. Für eine stabile europäische Sicherheitsordnung ist daher auch die Einbeziehung Russlands existentiell. Russland ist das größte Land Europas, es ist der wichtigste Partner und mächtigste Nachbar der Europäischen Union im Osten. Russland ist trotz aller Schwierigkeiten und Probleme auch immer noch eines der mächtigsten Länder dieser Erde.

Das heißt: Was in Russland passiert und auch,

was dort nicht passiert, hat Auswirkungen auf die ganze Welt und berührt uns alle – die Anrainerstaaten von Russland genauso wie die Europäische Union und darüber hinaus. Eine positive Entwicklung in Russland und ein gutes, friedliches Miteinander in der Region und im Verhältnis zur Europäischen Union wie zur Nato liegen daher in unserem eigenen Interesse.

Wir waren in unseren Beziehungen zu Russland nach dem Ende des Kalten Krieges und nach dem Zerfall der Sowjetunion auch schon viel weiter, als die aktuelle Situation vermittelt. Ich blicke einmal mehr zurück und erinnere mich an den langsamen, wenn auch von Rückschlägen gezeichneten, aber stetigen Weg, den wir mit Russland in den 1990er Jahren gegangen sind.

Ein entscheidender Moment auf diesem Weg war Ende 1995. Im Dezember 1995 haben wir im Deutschen Bundestag über die Entsendung deutscher Soldaten in das ehemalige Jugoslawien zur Unterstützung der Nato-Friedenstruppe zur Absicherung des Friedensvertrags für Bosnien-Herzegowina abgestimmt.

Der Einsatz war für uns Deutsche nach unserer schwierigen, wechselvollen Geschichte eine wahrhaft historische Zäsur. Der Einsatz war auch deshalb historisch, weil Russland damals in den Friedensprozess einbezogen war und im ehemaligen Jugoslawien an der Seite der Nato, des westlichen Verteidigungsbündnisses, stand.

Meine Hoffnung als deutscher Bundeskanzler über das künftige Miteinander mit Russland habe ich im Bundestag damals mit folgenden Worten zum Ausdruck gebracht: »Wer hätte noch vor wenigen Jahren gedacht, dass die Nato und Russland in einem solchen Rahmen zusammenarbeiten (…) Ich empfinde es als eine großartige Erfahrung, dass damit alte Feindbilder überwunden werden. Die Partnerschaft zwischen der Nato und Russland nimmt auf diese Weise konkrete Gestalt an. Dies kann und wird uns bei der künftigen Architektur der europäischen Sicherheit einen wesentlichen Schritt voranbringen.«

In diesem Geist wurden in den Folgejahren weitere, erhebliche Fortschritte der Annäherung mit Russland erzielt, zum Beispiel mit seiner Vollmitgliedschaft im Europarat im Jahr 1996, mit dem Partnerschafts- und Kooperationsabkommen mit der EU aus dem Jahr 1997 und mit der Grundakte über die Beziehungen zwischen der Nato und Russland ebenfalls aus dem Jahr 1997.

Wir Deutschen haben diesen Prozess immer sehr unterstützt, auch ich ganz persönlich. Wir wussten, dass wir damals erst am Anfang eines langen Weges standen und dass noch manche Schwierigkeit zu überwinden sein würde. Aber wir waren auch zuversichtlich. Mir war die Annäherung zwischen Russland und der Europäischen Union sowie Russland und der Nato über unsere Sicherheitsinteressen hinaus immer auch deshalb ein Anliegen, weil Russland für mich bei allen Unterschieden, die es gibt, historisch wie kulturell auch zu Europa gehört.

Mit Blick auf die Osterweiterung von Nato und EU, die wir nach Ende des Kalten Krieges in beiden Bündnissen wollten und unterstützten und die auch gekommen sind, war uns allen immer auch bewusst – den Europäern mehr, den Amerikanern weniger –, dass die Osterweiterung in beiden Bündnissen das Sicherheitsinteresse Russlands natürlich elementar berührt und dass wir auf die Befindlichkeiten Russlands in seinem strategischen Umfeld Rücksicht nehmen mussten, wenn wir keine unnötigen Spannungen riskieren wollten.

Ich erinnere mich an viele Gespräche mit Boris Jelzin, dem damaligen Präsidenten Russlands. Ich habe ihm immer ganz offen gesagt, dass Russland in diesen Fragen natürlich in keiner Weise ein Veto-Recht hat, aber auch, dass unser aller Interesse zugleich darauf gerichtet sein muss, dass über die Erweiterungsfrage keine neuen tieferen Gräben zwischen uns aufgerissen würden. Das galt insbesondere immer auch für die Ukraine. Für Boris Jelzin war das natürlich keineswegs einfach, aber er hat es akzeptiert.

Wahr ist auch: Bei aller Annäherung der vergangenen Jahre ist die Nato aus Sicht Moskaus das westliche Militärbündnis geblieben und geht es für ein Nachbarland Russlands auch in der Frage einer wie immer gearteten Zusammenarbeit mit der EU niemals nur um die EU. Es geht immer auch um die Nato.

Rund 20 Jahre nach dem Einsatz Russlands an der Seite der Nato im ehemaligen Jugoslawien und vielen, immer wieder auch von kritischen Situationen begleiteten Fortschritten mit allerdings einer wieder schleichenden Entfremdung in den vergangenen Jahren zwischen dem Westen und Russland erleben wir heute einen gravierenden Rückschritt: Zwischen der freien westlichen Welt und Russland und seinen Nachbarstaaten ist ein Konflikt entstanden, der mit der Auseinandersetzung um die Ukraine und speziell die Krim eskaliert ist.

Zum Verhalten Russlands und der Situation in der Ukraine kann der Westen natürlich nicht schweigen, aber auch der Westen hätte sich klüger verhalten können. Hier sind auf beiden Seiten Fehler gemacht und Befindlichkeiten offenkundig nicht ausreichend beachtet worden.

Ich kann nicht verhehlen, dass ich das Bild des G7-Gipfels Anfang Juni dieses Jahres, der über viele Jahre schon ein G8-Gipfel mit russischer Beteiligung gewesen war, einschneidend und auch bedrückend fand. Ich habe mich in diesem Moment einmal mehr daran erinnert, wie viel Überzeugungskraft es mich seinerzeit als deutscher Bundeskanzler im Kreise der G7-Länder gekostet hat, Russland als achten Partner einzubinden.

Im Ergebnis müssen der Westen genauso wie Russland und die Ukraine aufpassen, dass wir nicht alles verspielen, was wir schon einmal erreicht hatten. Hier sind alle gefordert. Eine friedliche Lösung, die allen Beteiligten gerecht wird und die zugleich das Selbstbestimmungsrecht der Völker achtet, muss erreichbar sein. Man muss es nur wirklich wollen, und das erreicht man am besten im Gespräch miteinander.

Der Konflikt in der Ukraine und um Russland macht einmal mehr deutlich, wie fragil Frieden ist und was Frieden bedeutet oder auch, was Blutvergießen bedeutet und wie schnell ein Konflikt in Gewalt umschlagen kann. Er steht mithin auch dafür, wie wichtig es ist, im Haus Europa untereinander so verbunden zu sein, dass Konflikte in zivilisierter und geordneter Form friedlich gelöst werden können und nie wieder ein Krieg zwischen europäischen Nachbarn entsteht. Wahr ist natürlich auch: Eine Hausordnung ist nur so wirksam, wie der Wille aller Betroffenen besteht, sie auch einzuhalten.

Der Konflikt muss uns zugleich einmal mehr bewusst machen, dass die historische Chance, in Europa voranzugehen und Europa zu vollenden, ein Zeitfenster ist, das womöglich nicht dauerhaft offen steht. Historische Chancen, hat man sie einmal verstreichen lassen, pflegen oft – wenn überhaupt – erst nach langer Zeit wiederzukehren. Das galt zum Beispiel für die deutsche Wiedervereinigung 1990 und auch für den Euro-Einführungsprozess in den 1990er Jahren.

Auf dem Weg zum geeinten Europa gehört es zu den vordringlichsten Aufgaben der EU, dass wir im Euroraum schnellstmöglich wieder zu einer Gemeinschaft der Stabilität und der Rechtstreue zurückkehren. Sowohl die übermäßige Verschuldung in einigen Mitgliedstaaten als auch die derzeit faktisch vorhandene Gemeinschaftshaftung müssen Schritt für Schritt, aber konsequent zurückgeführt werden.

Das ist nicht nur für den Euroraum, sondern auch für die EU und alle mit Europa verbundenen Fragen von allergrößter Bedeutung. Nur ein gesunder, stabiler Euro kann die mit ihm verbundenen positiven Erwartungen und Hoffnungen für den europäischen Integrationsprozess erfüllen.

So muss die Politische Union, mit der das Erreichte politisch abgesichert wird, zwar zügig wieder auf die Tagesordnung der EU gesetzt werden. So ist eine weitergehende Vergemeinschaftung zum Beispiel in der Außen-, Sicherheits- und Verteidigungspolitik wie in der Wirtschaftspolitik dringend geboten. Allerdings kann ich mir nicht vorstellen, dass hier derzeit große, sinnvolle Fortschritte möglich sind.

Eine Verständigung im Kreise aller EU-Mitgliedstaaten – auch mit jenen, die bisher nicht dem Euroraum angehören – auf weitere substantielle Integrationsschritte setzt voraus, dass wir im Euroraum die notwendige Stabilität und die für das gegenseitige Vertrauen erforderliche Verlässlichkeit glaubwürdig wiedererlangt und sichergestellt haben.

Entsprechend ist auch im Euroraum jetzt das Gebot der Stunde: Solidität und Solidarität, Eigenverantwortung und »Hilfe zur Selbsthilfe«. Wenn ich höre, dass im Euroraum einige betroffene Mitgliedstaaten vom Konsolidierungskurs wieder abweichen wollen und dass alle »Flexibilitäten« genutzt werden müssten, um das Wachstum nicht zu gefährden, dann beschleicht mich Skepsis.

Ich frage mich schon, ob allen politisch Verantwortlichen in Europa hinreichend bewusst ist, welche Dimension die Stabilität der Währung, und hier zumal der gemeinsamen europäischen Währung, hat und dass diese Frage von allem anderen abgesehen auch eine soziale Frage ist und ganz unmittelbar das Leben der Menschen in Europa, nicht zuletzt bei ihrer Alterssicherung, berührt. Allzu schnell wird aus Flexibilität wieder Beliebigkeit zu Lasten der angestrebten Stabilität und Sicherheit.

Bei aller notwendigen Solidarität, die richtig und wichtig ist, gerade auch mit Blick auf die Bevölkerung in den betroffenen Ländern, kann es für die überschuldeten Mitgliedstaaten nur »Hilfe zur Selbsthilfe« geben. Die Hauptlast der Konsolidierung und Schuldenrückführung liegt bei den Mitgliedstaaten selbst. Das ist ein harter Weg, und er ist umso härter, je höher die Überschuldung ist, aber es ist ein lohnender Weg.

Ich denke aus eigener Erfahrung zum Beispiel an die ersten Jahre nach meiner Regierungsübernahme im Oktober 1982, als wir Deutschland mit größter Anstrengung aus einer tiefen Wirtschafts- und Finanzkrise geführt haben. Es ist uns damals gelungen, über die Jahre ab Oktober 1982 bis zur deutschen Einheit 1990 die öffentlichen Finanzen in unserem Land grundlegend zu sanieren und zugleich das Wachstum wieder anzukurbeln.

Ich denke ebenso an die erheblichen Konsolidierungsanstrengungen und daraus folgend die Konvergenzfortschritte hin zu einer Stabilitätsgemeinschaft, die wir in den europäischen Mitgliedstaaten – auch in Deutschland, und zwar trotz der Finanzierungslasten im Zuge der deutschen Einheit – in den 1990er Jahren erreicht haben, als es für die einzelnen Mitgliedstaaten darum ging, die eigene Wettbewerbsposition und damit auch die der EU insgesamt zu verbessern und sich für die Euro-Einführung zu qualifizieren.

Nach aller Erfahrung wäre jedes erneute Aufweichen des Konsolidierungskurses das falsche

Signal und ein unverantwortliches Verschieben notwendiger Reformen in die Zukunft auf Kosten anderer Mitgliedstaaten, des geeinten Europas und der Menschen in Europa, insbesondere der nachfolgenden Generationen. Eine solche Entwicklung würde den Euroraum und mithin die EU irgendwann vor eine Zerreißprobe stellen.

Die Wahrheit ist, so bitter sie klingen mag: Am Sparen führt bei übermäßiger Verschuldung kein Weg vorbei. Gesunde Staatsfinanzen und eine stabile Währung sind immer noch die beste Wachstums- und Sozialpolitik. Auch das lehrt ein Blick in die Geschichte, nicht zuletzt in die jüngere deutsche Geschichte mit zwei verheerenden Inflationen in der ersten Hälfte des 20. Jahrhunderts.

Die Diskussionen im Euroraum wie im Umfeld der diesjährigen Europawahl darüber, welchen Weg Europa in Zukunft geht und wie es in Europa überhaupt weitergeht, sind durchaus symptomatisch für das Stimmungsbild in Europa insgesamt.

Europa steht mithin nicht nur materiellen Herausforderungen gegenüber, sondern befindet sich vor allem in einer tiefgreifenden Orientierungskrise. Diese zu bestehen, auch als Voraussetzung, um die richtigen Entscheidungen zur Lösung der materiellen Fragen überhaupt treffen zu können, ist gegenwärtig wohl unsere größte Herausforderung und zugleich Verantwortung – für heute und für die Zukunft, für Deutschland, für Europa und für die Welt.

Europa braucht gegenwärtig mehr als alles andere eine Besinnung auf seine gemeinsamen Werte und Ziele, auch die Rückbesinnung auf die Vision seiner Gründerväter, und eine davon getragene gemeinsame Kraftanstrengung aller Mitgliedstaaten. Europa braucht wieder mehr europäischen Gemeinsinn und Gemeinschaftsgeist und in diesem Geist vor allem eine entschlossene Politik mit festem Führungs- und Gestaltungswillen.

Jedes Land braucht politische Führung, und Europa braucht dies einmal mehr, weil es ein künstliches Gebilde ist, das zudem noch unfertig ist und dessen endgültige Gestalt wir heute noch nicht absehen können. Wir befinden uns mitten in einer ergebnisoffenen Entwicklung hin zum geeinten Europa als einer politischen Figur. Das beinhaltet Chancen, aber eben auch Risiken. Umso wichtiger ist es, dass die Politik mit ihren demokratisch legitimierten Entscheidungsträgern entschlossen handelt und die Richtung für Europa vorgibt.

Ziel muss ein vereintes, am Subsidiaritätsprinzip orientiertes, bürgernahes, demokratisches und handlungsfähiges Europa auf föderaler Grundlage bleiben. Niemand will eine allzuständige, zentralistische bürokratische Mammutinstitution, die sich von den Mitgliedstaaten und den Bürgern Europas zunehmend entfernt und verselbständigt.

All die Debatten in Europa, gerade auch in den vergangenen Monaten bis hin zur Wahl des neuen Kommissionspräsidenten, unterstreichen einmal mehr, dass es Handlungsbedarf gibt. Das ist nicht einfach, aber – wie gesagt – einfach war es noch nie.

Konrad Adenauer hat das, was auch heute wieder zu tun ist, wenn auch vor anderem Hintergrund, in einer eindrucksvollen Rede über Europa im Februar 1967, als er schon nicht mehr im

Amt war, zwei Monate vor seinem Tod, mit folgenden Worten zum Ausdruck gebracht: »In unserer Epoche dreht sich das Rad der Geschichte mit ungeheurer Schnelligkeit. Wenn der politische Einfluss der europäischen Länder weiterbestehen soll, muss gehandelt werden. (…) Handeln, Anfangen ist die Hauptsache.«

Und mein verstorbener Freund François Mitterrand hat in seiner feierlichen Rede anlässlich des 50. Jahrestags des Endes des Zweiten Weltkriegs am 8. Mai 1995, wenige Tage vor seinem Ausscheiden aus dem Amt, in Berlin den Auftrag, Europa zu bauen, wie folgt beschrieben: »Europa bauen wir, unsere Vaterländer lieben wir. Bleiben wir uns selbst treu. Verbinden wir die Vergangenheit mit der Zukunft, dann können wir ruhigen Gewissens den Stab denen übergeben, die uns nachfolgen werden.«

In diesem Sinne wünsche ich mir für unser Land und für Europa, dass wir wieder mehr über Inhalte sprechen und über die Ziele, darüber, wohin wir gehen wollen, und dass der Mut für politische Gestaltung wieder zunimmt, auch das Bewusstsein, dass Geschichte keineswegs zwangsläufig, sondern das Ergebnis des Handelns von Menschen ist. Daran wollen, daran müssen wir uns von der Geschichte einmal messen lassen. Das sollte uns nicht erschrecken, sondern – im Gegenteil – es sollte uns Mut machen und Zuversicht für den weiteren Weg geben.

Europa ist eine historische Chance und hat alle Chancen, wir müssen sie nur ergreifen. Der Rückblick auf die vergangenen 100 Jahre lässt ermessen, welche gewaltige Wegstrecke wir in Deutschland und Europa an der Seite unserer amerikanischen Freunde zurückgelegt haben. Wir haben heute überhaupt keinen Anlass zur Resignation. Wir haben viel mehr Grund zu realistischem Optimismus. Wir müssen nur handeln – mit Mut und Klugheit, mit Geduld und Augenmaß, mit Weitsicht und Grundsatztreue, mit Demut und Selbstbewusstsein.

Wenn wir das beherzigen und wenn wir Europa wieder auf einen guten Weg bringen, wenn wir Europa für den Bürger verständlich machen, auch positiv erfahrbar durch konkrete, sachorientierte Politik, dann bin ich ganz sicher, dass wir auch das Vertrauen der Menschen in Europa und in den Euro zurückgewinnen. Wir wollen nie vergessen: Europa wird am Ende nur gelingen, wenn die Politik beherzt vorangeht und die Menschen entschlossen mitnimmt.

Und in diesem Sinne wünsche ich mir auch, dass Europa wieder stärker eine Herzensangelegenheit der Menschen wird und dass wir das Haus Europa weiterbauen und kommende Generationen neben ihrer nationalen Identität ganz selbstverständlich auch ihre europäische Identität leben und vielleicht eines Tages sogar von einem »Europa der Vaterländer in einem gemeinsamen Vaterland Europa« sprechen. Wenn uns das gelänge, dann wäre in Europa viel erreicht.

In diesem deutschen und europäischen Geist und ganz im Sinne des Adenauerschen Satzes »Deutsche Einheit und europäische Einigung sind zwei Seiten derselben Medaille« lade ich alle ein, auf dem Weg zum geeinten Europa mit brennendem Herzen und kühlem Verstand wieder und weiter gemeinsam voranzugehen.

Es geht um viel, es geht um unsere Zukunft, und unsere Zukunft heißt Europa.